Mereäärne maitse

Tervislik ja maitsvate retseptidega Vahemere köök

Maria Romani

Ülevaade

Vahemere pita 9
Hummusega täidetud muna 11
Tatra- ja õuna- ja rosinamuffinid 13
Kõrvitsakliidest muffinid 15
Tatra-petipiima pannkoogid 17
Prantsuse röstsai mandlite ja virsikukompotiga 17
Marjane kaerahelbed magusa vaniljekreemiga 19
Krepp šokolaadi ja maasikatega 21
Quiche spargli ja singiga 23
Õunajuustukkoonid 25
Peekon ja munad 27
Apelsini mustika muffinid 29
14. Küpsetatud ingveri kaerahelbed pirnikattega 30
Kreeka stiilis taimetoitlane omlett 31
Suvine smuuti 33
Singi ja muna pitad 34
Kuskuss hommikusöögiks 36
Hommikusöögiks virsiku salat 38
Soolatud kaer 39
Tahini ja õuna röstsai 40
Munapuder basiilikuga 41
Kreeka kartulid ja munad 42
Avokaado ja mee smuuti 44
Taimne omlett 45

Mini salatirullid 47
Õunakuskuss karriga 48
Lambalihapirukas ja köögiviljad 49
Luu koos ürtidega 51
Lillkapsa kinoa 52
Mango pirni smuuti 53
spinati omlett 54
Mandli pannkoogid 56
Quinoa puuviljasalat 58
Maasika-rabarberi smuuti 58
Odrapuder 59
Piparkoogi ja kõrvitsa smuuti 60
Roheline mahl 61
Pähkli datli smuuti 63
Puuvilja piimakokteil 64
Banaani ja šokolaadi smuuti 65
Jogurt mustikate, mee ja piparmündiga 66
Parfee marjade ja jogurtiga 67
Kaerahelbed marjade ja päevalilleseemnetega 68
Kiire mandli ja vahtra tera 69
Banaani kaerahelbed 71
Hommikusöögiks kukkel 72
hommikune kuskuss 74
Avokaado ja õuna smuuti 76
Mini omlett 77
Kaerahelbed päikesekuivatatud tomatitega 79
Muna avokaadol 80

Brekky Egg- Kartulihašš 82

Tomati ja basiiliku supp 84

kõrvits Hummus 86

Singimuffinid 87

Spelta salat 88

Mustikad ja datlid 89

Omlett läätsede ja cheddariga 89

Tuunikala võileib 92

Spelta salat 93

Kikerherne ja suvikõrvitsa salat 95

Provence artišoki salat 97

Bulgaaria salat 99

Kauss falafeli salatit 101

Lihtne Kreeka salat 103

Rukola salat viigimarjade ja kreeka pähklitega 105

Lillkapsasalat tahini vinegretiga 107

Vahemere kartulisalat 109

Kinoa ja pistaatsia salat 111

Kurgi-kanasalat vürtsika maapähklikastmega 113

Taimne paella 114

Baklažaani ja riisi pajaroog 116

kuskuss köögiviljadega 119

Kushari 122

Bulgur tomatite ja kikerhernestega 125

Makrellist pärit makaronid 127

Makaronid kirsstomatite ja anšoovistega 129

Risotto sidruni ja krevettidega 131

Spagetid karpidega 133

Kreeka kalasupp 135

Venere riis krevettidega 137

Pennette lõhe ja viin 139

Carbonara mereandidega 141

Garganelli suvikõrvitsa ja krevettide pestoga 142

Lõhe riis 146

Pasta kirsstomatite ja anšoovistega 148

Orecchiette brokkoli ja vorst 150

Risotto radicchio ja suitsupeekoniga 152

Pasta Alla Genovese 154

Pasta Napoli lillkapsaga 156

Pasta ja oad, apelsin ja apteegitill 158

Sidruni spagetid 160

Maitsestatud taimne kuskuss 161

Vürtsiga praetud riis apteegitilliga 163

Maroko kuskuss kikerhernestega 165

Taimetoitlane Paella roheliste ubade ja kikerhernestega 167

Küüslaugukrevetid tomati ja basiilikuga 169

Krevettide paella 171

Läätsesalat oliivide, piparmündi ja fetaga 173

Kikerherned küüslaugu ja peterselliga 175

Hautatud kikerherned baklažaani ja tomatiga 177

Kreeka riis sidruniga 179

Riis aromaatsete ürtidega 181

Vahemere riisi salat 183

Värske ubade ja tuunikala salat 185

Maitsev kana pasta ... 187
Vahemere tacod ... 189
Maitsev mac ja juust ... 191
Riis kurgi oliividega ... 193
Aromaatne taimne risotto ... 195
Maitsev Pasta Primavera ... 197
Pasta röstitud paprikaga ... 199
Juust Basiilik Tomat riis ... 201
Pasta tuunikalaga ... 203
Avokaado ja kalkuni segavõileivad ... 205
Kana kurgi ja mangoga ... 207
Fattoush – Lähis-Ida leib ... 209
Gluteenivaba küüslaugu ja tomati focaccia ... 211
Grillitud burger seentega ... 213
Vahemere Baba Ganoush ... 215

Vahemere pita

Valmistamisaeg: 22 minutit

Söögitegemise aeg: 3 minutit

Portsjonid: 2

Raskusaste: lihtne

Koostis:

- 1/4 tassi magusat punast pipart
- 1/4 tassi hakitud sibulat
- 1 tass munaasendaja
- 1/8 tl soola
- 1/8 tl pipart
- 1 tomat väikesteks tükkideks
- 1/2 tassi värsket hakitud beebispinatit
- 1-1/2 tl hakitud värsket basiilikut
- 2 tervet pita leiba
- 2 spl murendatud fetajuustu

Näidustused:

Katke väike mittenakkuva pann küpsetusspreiga. Kuumuta sibulat ja tšillit keskmisel kuumusel 3 minutit. Lisa munaasendaja ning maitsesta soola ja pipraga. Sega, kuni see tahkub. Sega tükeldatud spinat, tükeldatud tomatid ja hakitud basiilik. Vala focacciale. Parim köögiviljasegu oma munaseguga. Kaunista murendatud fetajuustuga ja serveeri kohe.

Toitumine (100 g kohta): 267 kalorit 3 g rasva 41 g süsivesikuid 20 g valku 643 mg naatriumi

Hummusega täidetud muna

Valmistamisaeg: 10 minutit

Söögitegemise aeg: 0 minutit

Portsjonid: 6

Raskusaste: lihtne

Koostis:

- 1/4 tassi kuubikuteks lõigatud kurki
- 1/4 tassi hakitud tomatit
- 2 tl värsket sidrunimahla
- 1/8 tl soola
- 6 kõvaks keedetud kooritud muna, pikuti poolitatud
- 1/3 tassi röstitud küüslaugu hummust või muud hummuse maitset
- Hakitud värske petersell (valikuline)

Näidustused:

Kombineerige tomat, sidrunimahl, kurk ja sool ning segage õrnalt. Kraabi poolitatud munadelt munakollased ära ja säilita hilisemaks kasutamiseks. Koguge igasse munapoolikusse kuhjaga teelusikatäis hummust. Puista peale petersell ja pool teelusikatäit tomati-kurgi segu. Serveeri kohe

Toitumine (100 g kohta): 40 kalorit 1 g rasva 3 g süsivesikuid 4 g

Suitsulõhe munapuder

Valmistamisaeg: 2 minutit

Söögitegemise aeg: 8 minutit

Portsjonid: 4

Raskusaste: keskmine

Koostis:

- 16 untsi munaasendaja, ilma kolesteroolita
- 1/8 tl musta pipart
- 2 supilusikatäit viilutatud rohelist sibulat, jättes pealt alles
- 1 unts külma madala rasvasisaldusega toorjuustu, lõigatud 1/4- tollisteks kuubikuteks
- 2 untsi suitsulõhehelbed

Näidustused:

Lõika külm toorjuust sentimeetristeks kuubikuteks ja tõsta kõrvale. Vahusta suures kausis munaasendaja ja pipar. Katke nakkumatu pann keskmisel kuumusel küpsetuspihustiga. Sega hulka munaasendaja ja küpseta 5–7 minutit või kuni see hakkab tarduma, aeg-ajalt segades ja panni põhja kraapides.

Lisa toorjuust, roheline sibul ja lõhe. Jätkake küpsetamist ja segage veel 3 minutit või kuni munad on veel niisked, kuid läbiküpsenud.

Toitumine (100 g kohta): 100 kalorit 3 g rasva 2 g süsivesikuid 15 g valku 772 mg naatriumi

Tatra- ja õuna- ja rosinamuffinid

Valmistamisaeg: 24 minutit

Söögitegemise aeg: 20 minutit

Portsjonid: 12

Raskusaste: keskmine

Koostis:

- 1 tass universaalset jahu
- 3/4 tassi tatrajahu
- 2 supilusikatäit pruuni suhkrut
- 1 ja pool teelusikatäit küpsetuspulbrit
- 1/4 tl söögisoodat
- 3/4 tassi madala rasvasisaldusega petipiima
- 2 supilusikatäit oliiviõli
- 1 suur muna
- 1 tass värskeid õunu, tükeldatud, kooritud ja südamik
- 1/4 tassi kuldseid rosinaid

Näidustused:

Valmistage ahi 375 kraadini F. Katke 12-tassiline muffinivorm mittenakkuva küpsetussprei või pabertopsidega. Kõrvale panema. Pane kõik kuivained kaussi. Kõrvale panema. Vahusta vedelad koostisosad ühtlaseks massiks. Tõsta vedel segu jahusegusse ja sega, kuni see on niisutatud. Lisa kuubikuteks lõigatud õunad ja rosinad. Täida iga muffinitops umbes 2/3 seguga. Küpseta kuldpruuniks. Kasutage hambaorki testi. Serveerima.

Toitumine (100 g kohta): 117 kalorit 1 g rasva 19 g süsivesikuid 3 g valku 683 mg naatriumi

Kõrvitsakliidest muffinid

Valmistamisaeg: 20 minutit

Söögitegemise aeg: 20 minutit

Portsjonid: 22

Raskusaste: keskmine

Koostis:

- 3/4 tassi universaalset jahu
- 3/4 tassi täistera nisujahu
- 2 supilusikatäit suhkrut
- 1 supilusikatäis küpsetuspulbrit
- 1/8 tl soola
- 1 tl kõrvitsapiruka vürtsi
- 2 tassi 100% kliid teravilja
- 1 ja pool tassi madala rasvasisaldusega piima
- 2 munavalget
- 15 untsi x 1 purk kõrvitsat
- 2 spl avokaadoõli

Näidustused:

Kuumuta ahi 400 kraadi Fahrenheiti järgi. Valmistage muffinivorm 22 muffini jaoks ja katke nakkumatu küpsetusspreiga. Segage esimesed neli koostisosa, kuni need on ühendatud. Kõrvale panema.

Kasutage suurt kaussi, et segada piim ja teraviljakliid ning lasta seista 2 minutit või kuni teravilja pehmeneb. Lisa kliide segule õli, munavalge ja kõrvits ning sega korralikult läbi. Vala hulka jahusegu ja sega korralikult läbi.

Jaga taigen ühtlaselt muffinivormi peale. Küpseta 20 minutit.

Eemalda muffinid pannilt ja serveeri soojalt või jahutatult.

Toitumine (100 g kohta): 70 kalorit 3 g rasva 14 g süsivesikuid 3 g valku 484 mg naatriumi

Tatra-petipiima pannkoogid

Valmistamisaeg: 2 minutit

Söögitegemise aeg: 18 minutit

Portsjonid: 9

Raskusaste: lihtne

Koostis:

- 1/2 tassi tatrajahu
- 1/2 tassi universaalset jahu
- 2 tl küpsetuspulbrit
- 1 tl pruuni suhkrut
- 2 supilusikatäit oliiviõli
- 2 suurt muna
- 1 tass madala rasvasisaldusega petipiima

Näidustused:

Asetage esimesed neli koostisosa kaussi. Lisa õli, petipiim ja munad ning sega ühtlaseks massiks. Asetage küpsetusplaat keskmisele kuumusele ja piserdage mittenakkuva küpsetusspreiga. Vala ¼ tassi tainast pannile ja küpseta 1-2 minutit mõlemalt poolt või kuni see on kuldpruun. Serveeri kohe.

Toitumine (100 g kohta): 108 kalorit 3 g rasva 12 g süsivesikuid 4 g valku 556 mg naatriumi

Prantsuse röstsai mandlite ja virsikukompotiga

Valmistamisaeg: 10 minutit

Söögitegemise aeg: 15 minutit

Portsjonid: 4

Raskusaste: lihtne

Koostis:

- Koostatud:
- 3 spl suhkruasendajat, mis põhineb sukraloosil
- 1/3 tassi + 2 spl vett, jagatud
- 1 1/2 tassi kooritud või külmutatud värskeid virsikuid, sulatatud ja nõrutatud, viilutatud
- 2 spl virsikumääret, ilma lisatud suhkruta
- 1/4 tl jahvatatud kaneeli
- Mandli prantsuse röstsai
- 1/4 tassi madala rasvasisaldusega piima (madala rasvasisaldusega)
- 3 spl suhkruasendajat, mis põhineb sukraloosil
- 2 tervet muna
- 2 munavalget
- 1/2 tl mandli ekstrakti
- 1/8 tl soola
- 4 viilu mitmevilja leiba
- 1/3 tassi viilutatud mandleid

Näidustused:

Kompoti valmistamiseks lahustage keskmisel kuumusel keskmises kastrulis 1/3 tassi vees 3 spl sukraloosi. Lisa virsikud ja kuumuta keemiseni. Alanda kuumust keskmisele kuumusele ja küpseta kaaneta veel 5 minutit või kuni virsikud on pehmenenud.

Lisa ülejäänud vesi ja laiali puistatud puuviljad, seejärel lisa pannile virsikud. Keeda veel minut või kuni siirup pakseneb. Tõsta tulelt ja lisa kaneel. Katke soojas hoidmiseks.

Prantsuse röstsaia valmistamiseks. Kombineerige piim ja sukraloos suurel sügaval taldrikul ja vahustage, kuni see on täielikult lahustunud. Lisa munavalge, munad, mandli ekstrakt ja sool. Kasta saiaviilude mõlemad pooled munasegusse 3 minutiks või kuni need on täielikult läbi imbunud. Puista mõlemalt poolt tükeldatud mandlitega ja vajuta hästi kinni.

Katke mittenakkuva pann küpsetusspreiga ja asetage keskmisele kuumusele. Prae saiaviile küpsetusplaadil 2–3 minutit mõlemalt poolt või kuni need on kergelt pruunid. Serveeri virsikukompotiga.

Toitumine (100 g kohta): 277 kalorit 7 g rasva 31 g süsivesikuid 12 g valku 665 mg naatriumi

Marjane kaerahelbed magusa vaniljekreemiga

Valmistamisaeg: 5 minutit
Söögitegemise aeg: Viis minutit
Portsjonid: 4
Raskusaste: lihtne

Koostis:

- 2 tassi vett
- 1 tass kiiresti küpsevat kaera
- 1 supilusikatäis sukraloosil põhinevat suhkruasendajat
- 1/2 tl jahvatatud kaneeli
- 1/8 tl soola
- Kreem
- 3/4 tassi pool ja pool rasvavaba
- 3 supilusikatäit sukraloosil põhinevat suhkruasendajat
- 1/2 tl vaniljeekstrakti
- 1/2 tl mandli ekstrakti
- vürtsid
- 1 1/2 tassi värskeid mustikaid
- 1/2 tassi värskeid või külmutatud ja sulatatud vaarikaid

Näidustused:

Keeda vesi kõrgel kuumusel ja sega hulka kaerahelbed. Alandage kuumust keskmisele, kui keedate kaerahelbeid kaaneta 2 minutit või kuni need on paksemad. Tõsta tulelt ja sega hulka suhkruasendaja, sool ja kaneel. Keskmises kausis segage kõik kreemi koostisosad, kuni need on hästi segunenud. Koguge keedetud kaerahelbed 4 võrdseks osaks ja valage rõõsk koor. Puista peale marjad ja serveeri.

Toitumine (100 g kohta):150 kalorit 5 g rasva 30 g süsivesikuid 5 g valku 807 mg naatriumi

Krepp šokolaadi ja maasikatega

Valmistamisaeg: 5 minutit

Söögitegemise aeg: 10 minutit

Portsjonid: 4

Raskusaste: lihtne

Koostis:

- 1 tass pehmet nisujahu
- 2/3 tassi kooritud piima (1%)
- 2 munavalget
- 1 muna
- 3 supilusikatäit suhkrut
- 3 supilusikatäit magustamata kakaopulbrit
- 1 spl jahutatud sulavõid
- 1/2 teelusikatäit soola
- 2 tl rapsiõli
- 3 spl maasikamääret
- 3 1/2 tassi sulatatud või värskelt hakitud maasikaid
- 1/2 tassi sulatatud külmutatud vahukoore katet ilma rasvata
- Värsked piparmündilehed (soovi korral)

Näidustused:

Asetage esimesed kaheksa koostisosa suurde kaussi, kuni see on ühtlane ja hästi segunenud.

Pintselda ¼ teelusikatäit õli väikesele mittenakkuvale pannile keskmisel kuumusel. Valage keskele ¼ tassi tainast ja viskage, et pann oleks taignaga kaetud.

Küpseta minut või kuni krepp muutub läbipaistmatuks ja servad on kuivad. Pöörake ümber ja küpseta veel pool minutit. Korrake protsessi ülejäänud segu ja õliga.

Koguge ¼ tassi sulatatud maasikaid krepi keskele ja lööge, kuni täidis on kaetud. Enne serveerimist pane peale 2 spl vahukoort ja kaunista piparmündiga.

Toitumine (100 g kohta): 334 kalorit 5 g rasva 58 g süsivesikuid 10 g valku 678 mg naatriumi

Quiche spargli ja singiga

Valmistamisaeg: 5 minutit

Söögitegemise aeg: 42 minutit

Portsjonid: 6

Raskusaste: lihtne

Koostis:

- 2 1/2 tolli tassi viilutatud sparglit
- 1 viilutatud punane paprika
- 1 tass madala rasvasisaldusega piima (1%)
- 2 supilusikatäit pehmet nisujahu
- 4 munavalget
- 1 muna, terve
- 1 tass hakitud keedetud sinki
- 2 spl hakitud estragoni või värsket basiilikut
- 1/2 teelusikatäit soola (valikuline)
- 1/4 tl musta pipart
- 1/2 tassi Šveitsi juustu, peeneks hakitud

Näidustused:

Kuumuta ahi 350 kraadini F. Küpsetage mikrolaineahjus pipart ja sparglit supilusikatäies vees kõrgel temperatuuril HIGH 2 minutit. äravool. Vahusta jahu ja piim, seejärel lisa muna ja munavalged, kuni need on hästi segunenud. Lisa köögiviljad ja muud koostisosad peale juustu.

Vala 9-tollisse koogivormi ja küpseta 35 minutit. Puista juust quiche'ile ja küpseta veel 5 minutit või kuni juust sulab. Lase 5 minutit jahtuda ja lõika serveerimiseks kuueks viiluks.

Toitumine (100 g kohta): 138 kalorit 1 g rasva 8 g süsivesikuid 13 g valku 588 mg naatriumi

Õunajuustukkoonid

Valmistamisaeg: 20 minutit

Söögitegemise aeg: 15 minutit

Portsjonid: 10

Raskusaste: keskmine

Koostis:

- 1 tass universaalset jahu
- 1 tass täistera, valget jahu
- 3 supilusikatäit suhkrut
- 1 ja pool teelusikatäit küpsetuspulbrit
- 1/2 teelusikatäit soola
- 1/2 tl jahvatatud kaneeli
- 1/4 tl söögisoodat
- 1 Granny Smithi õun, tükeldatud
- 1/2 tassi hakitud teravat Cheddari juustu
- 1/3 tassi õunakastet, naturaalset või magustamata
- 1/4 tassi piima, madala rasvasisaldusega (madala rasvasisaldusega)
- 3 supilusikatäit sulatatud võid
- 1 muna

Näidustused:

Valmistage ahi 425 kraadini F. Valmistage pann ette, vooderdades see küpsetuspaberiga. Pane kõik kuivained kaussi ja sega läbi. Lisa juust ja õun. Kõrvale panema. Klopi kõik märjad koostisosad omavahel läbi. Vala kuivsegule, kuni see on segunenud ja muutub kleepuvaks tainaks.

Sõtku tainast jahusel lehttaignaplaadil umbes 5 korda. Patsutage ja venitage seejärel 8-tolliseks ringiks. Lõika 10 diagonaalis lõikeks.

Asetage need küpsetusplaadile ja piserdage neid küpsetuspritsiga. Küpseta 15 minutit või kuni see on kergelt pruunistunud.

Serveerima.

Toitumine (100 g kohta): 169 kalorit 2 g rasva 26 g süsivesikuid 5 g valku 689 mg naatriumi

Peekon ja munad

Valmistamisaeg: 15 minutit
Söögitegemise aeg: 15 minutit
Portsjonid: 4
Raskusaste: lihtne

Koostis:

- 1 tass munaasendaja, ilma kolesteroolita
- 1/4 tassi parmesani juustu, hakitud
- 2 viilu kuubikuteks lõigatud Kanada peekonit
- 1/2 tl punast tšillikastet
- 1/4 tl musta pipart
- 4 x 7-tollised täistera nisu tortillad
- 1 tass beebispinati lehti

Näidustused:

Kuumuta ahi 325 kraadini F. Täidise valmistamiseks ühenda esimesed viis koostisosa. Valage segu 9-tollisse klaasnõusse, mis on pihustatud võimaitselise küpsetusspreiga.

Küpseta 15 minutit või kuni munad on hangunud. Eemaldage ahjust. Aseta tortillad minutiks ahju. Lõika praemunasegu neljandikku. Asetage veerand iga tortilla keskele ja lisage ¼ tassi spinatit. Voldi tortilla alt keskele ja seejärel mõlemalt küljelt keskele, et ümbritseda. Serveeri kohe.

Toitumine (100 g kohta): 195 kalorit 3 g rasva 20 g süsivesikuid 15 g valku 688 mg naatriumi

Apelsini mustika muffinid

Valmistamisaeg: 10 minutit

Söögitegemise aeg: 10-25 minutit

Portsjonid: 12

Raskusaste: keskmine

Koostis:

- 1 3/4 tassi universaalset jahu
- 1/3 tassi suhkrut
- 2 ja pool teelusikatäit küpsetuspulbrit
- 1/2 tl küpsetuspulbrit
- 1/2 teelusikatäit soola
- 1/2 tl jahvatatud kaneeli
- 3/4 tassi piima, madala rasvasisaldusega (madala rasvasisaldusega)
- 1/4 tassi võid
- 1 suur muna, kergelt lahti klopitud
- 3 spl sulatatud apelsinimahla kontsentraati
- 1 tl vanilli
- 3/4 tassi värskeid mustikaid

Näidustused:

Valmistage ahi 400 kraadini F. Järgige tatra-, õuna- ja rosinamuffini samme 2–5. Täida muffinivormid ¾ ulatuses seguga ja küpseta 20-25 minutit. Lase 5 minutit jahtuda ja serveeri soojalt.

Toitumine (100 g kohta):149 kalorit 5 g rasva 24 g süsivesikuid 3 g valku 518 mg naatriumi

14. Küpsetatud ingveri kaerahelbed pirnikattega

Valmistamisaeg: 10 minutit
Söögitegemise aeg: 15 minutit
Portsjonid: 2
Raskusaste: lihtne

Koostis:

- 1 tass vanaaegset kaera
- 3/4 tassi piima, madala rasvasisaldusega (madala rasvasisaldusega)
- 1 munavalge
- 1 1/2 tl värsket riivitud ingverit või 3/4 tl jahvatatud ingverit
- 2 spl pruuni suhkrut, jagatud
- 1/2 küpset pirni, tükeldatud

Näidustused:

Pihustage 2 6-untsilist vormi mittekleepuva küpsetusspreiga. Valmistage ahi 350 kraadini F. Ühendage neli esimest koostisosa ja lusikatäis suhkrut ning segage hästi. Jaga ühtlaselt 2 vormi vahel. Kaunista pirniviilude ja ülejäänud lusikatäie suhkruga. Küpseta 15 minutit. Serveeri kuumalt.

Toitumine (100 g kohta):268 kalorit 5 g rasva 2 g süsivesikuid 10 g valku 779 mg naatriumi

Kreeka stiilis taimetoitlane omlett

Valmistamisaeg: 10 minutit

Söögitegemise aeg: 20 minutit

Portsjonid: 2

Raskusaste: lihtne

Koostis:

- 4 suurt muna
- 2 spl rasvavaba piima
- 1/8 tl soola
- 3 tl oliiviõli, jagatud
- 2 tassi beebi Portobello, viilutatud
- 1/4 tassi peeneks hakitud sibulat
- 1 tass värsket beebispinatit
- 3 spl fetajuustu, murendatud
- 2 spl küpseid oliive, viilutatud
- Värskelt jahvatatud pipar

Näidustused:

Vahusta kolm esimest koostisosa. Sega 2 supilusikatäit õli mittenakkuval pannil keskmisel kuumusel. Prae sibulaid ja seeni 5-6 minutit või kuni need on kuldpruunid. Sega hulka spinat ja küpseta. Eemaldage segu pannilt.

Kuumutage sama panni abil ülejäänud õli keskmisel kuumusel. Valage munasegu ja kui see hakkab tarduma, lükake servad keskele, et toore segu voolaks. Kui munad on settinud, tõsta lusikaga ühele poole köögiviljasegu. Puista peale oliivid ja fetajuust ning keera teine pool kokku. Enne serveerimist lõika pooleks ja puista peale pipart.

Toitumine (100 g kohta): 271 kalorit 2 g rasva 7 g süsivesikuid 18 g valku 648 mg naatriumi

Suvine smuuti

Valmistamisaeg: 8 minutit

Söögitegemise aeg: 0 minutit

Portsjonid: 2

Raskusaste: lihtne

Koostis:

- 1/2 banaani, kooritud
- 2 tassi maasikaid, poolitatud
- 3 spl piparmünt, peeneks hakitud
- 1 1/2 tassi kookosvett
- 1/2 avokaadot, kivideta ja kooritud
- 1 dattel, peeneks hakitud
- Vajadusel jääkuubikuid

Näidustused:

Pane kõik blenderisse ja klopi ühtlaseks. Paksendamiseks lisa jääkuubikud ja serveeri külmalt.

Toitumine (100 g kohta): 360 kalorit 12 g rasva 5 g süsivesikuid 31 g valku 737 mg naatriumi

Singi ja muna pitad

Valmistamisaeg: 5 minutit
Söögitegemise aeg: 15 minutit
Portsjonid: 4
Raskusaste: lihtne

Koostis:

- 6 muna
- 2 šalottsibulat, hakitud
- 1 tl oliiviõli
- 1/3 tassi suitsusinki, tükeldatud
- 1/3 tassi magusat rohelist paprikat, tükeldatud
- 1/4 tassi brie juustu
- Meresool ja must pipar maitse järgi
- 4 salatilehte
- 2 pita leiba, täistera

Näidustused:

Kuumuta oliiviõli pannil keskmisel kuumusel. Lisa šalottsibul ja roheline pipar ning küpseta viis minutit, sageli segades.

Võta kauss ja klopi lahti munad, puista peale soola ja pipart. Veenduge, et munad oleksid korralikult lahti klopitud. Aseta munad pannile ning sega sink ja juust kokku. Sega hästi ja küpseta, kuni segu pakseneb. Jaga kuklid pooleks ja ava kotid. Laota igasse kotti teelusikatäis sinepit ja lisa igasse kotti salatileht. Jaga munasegu igaühele ja serveeri.

Toitumine (100 g kohta): 610 kalorit 21 g rasva 10 g süsivesikuid 41 g valku 807 mg naatriumi

Kuskuss hommikusöögiks

Valmistamisaeg: 5 minutit

Söögitegemise aeg: 15 minutit

Portsjonid: 4

Raskusaste: keskmine

Koostis:

- 3 tassi piima, madala rasvasisaldusega
- 1 kaneelipulk
- 1/2 tassi aprikoose, kuivatatud ja tükeldatud
- 1/4 tassi sõstraid, kuivatatud
- 1 tass kuskussi, toores
- Näputäis peent meresoola
- 4 tl võid, sulatatud
- 6 tl pruuni suhkrut

Näidustused:

Kuumuta kastrul piima ja kaneeliga keskmisel kuumusel. Küpseta kolm minutit enne panni tulelt eemaldamist.

Lisa aprikoosid, kuskuss, sool, sõstrad ja suhkur. Sega korralikult läbi ja seejärel kata. Jätke see kõrvale ja laske viisteist minutit puhata.

Viska kaneelipulk ära ja jaga kausside vahel. Enne serveerimist puista üle pruuni suhkruga.

Toitumine (100 g kohta): 520 kalorit 28 g rasva 10 g süsivesikuid 39 g valku 619 mg naatriumi

Hommikusöögiks virsiku salat

Valmistamisaeg: 10 minutit

Söögitegemise aeg: 0 minutit

Portsjonid: 1

Raskusaste: lihtne

Koostis:

- 1/4 tassi kreeka pähkleid, hakitud ja röstitud
- 1 tl mett, toores
- 1 virsik, kivideta ja viilutatud
- 1/2 tassi kodujuustu, rasvavaba ja toatemperatuuril
- 1 spl piparmünt, värske ja peeneks hakitud
- 1 sidrun, koor

Näidustused:

Pane ricotta kaussi ning kaunista virsikuviilude ja kreeka pähklitega. Maitsesta meega ja kaunista piparmündiga.

Vahetult enne serveerimist puista peale sidrunikoor.

Toitumine (100 g kohta): 280 kalorit 11 g rasva 19 g süsivesikuid 39 g valku 527 mg naatriumi

Soolatud kaer

Valmistamisaeg: 10 minutit
Söögitegemise aeg: 10 minutit
Portsjonid: 2
Raskusaste: lihtne

Koostis:

- 1/2 tassi terasest lõigatud kaera
- 1 tass vett
- 1 tomat, suur ja tükeldatud
- 1 kurk, tükkidena
- 1 supilusikatäis oliiviõli
- Meresool ja must pipar maitse järgi
- Lamedate lehtedega petersell, kaunistamiseks hakitud
- Parmesani juust, madala rasvasisaldusega ja värskelt riivitud

Näidustused:

Aja kaerahelbed ja tassitäis vett kastrulis kõrgel kuumusel keema. Segage regulaarselt, kuni vesi on täielikult imendunud, mis võtab aega umbes 15 minutit. Jaga kahe kausi vahel ning lisa tomatid ja kurk. Nirista peale oliiviõli ja kaunista parmesani juustuga. Enne serveerimist kaunista peterselliga.

Toitumine (100 g kohta): 408 kalorit 13 g rasva 10 g süsivesikuid 28 g valku 825 mg naatriumi

Tahini ja õuna röstsai

Valmistamisaeg: 15 minutit
Söögitegemise aeg: 0 minutit
Portsjonid: 1
Raskusaste: lihtne

Koostis:

- 2 supilusikatäit tahini
- 2 viilu röstitud täisteraleiba
- 1 tl mett, toores
- 1 õun, väike, südamikud ja õhukesed viilud

Näidustused:

Alustuseks määri tahini röstsaiale ja tõsta peale õunu. enne serveerimist puista üle meega.

Toitumine (100 g kohta): 366 kalorit 13 g rasva 9 g süsivesikuid 29 g valku 686 mg naatriumi

Munapuder basiilikuga

Valmistamisaeg: 5 minutit

Söögitegemise aeg: 10 minutit

Portsjonid: 2

Raskusaste: lihtne

Koostis:

- 4 muna, suured
- 2 spl värsket basiilikut, peeneks hakitud
- 2 spl Gruyere juustu, riivitud
- 1 supilusikatäis koort
- 1 supilusikatäis oliiviõli
- 2 küüslauguküünt, hakitud
- Meresool ja must pipar maitse järgi

Näidustused:

Võtke suur kauss ja klopige basiilik, juust, koor ja munad lahti. Vahusta, kuni see on hästi segunenud. Võtke suur pann keskmisel kuumusel ja kuumutage õli. Lisage küüslauk, küpseta minut. See peaks muutuma kuldpruuniks.

Valage munasegu pannile küüslaugule ja jätkake küpsemise ajal segamist, et need muutuksid pehmeks ja kohevaks. Maitsesta hästi ja serveeri kuumalt.

Toitumine (100 g kohta): 360 kalorit 14 g rasva 8 g süsivesikuid 29 g valku 545 mg naatriumi

Kreeka kartulid ja munad

Valmistamisaeg: 10 minutit

Söögitegemise aeg: 30 minutit

Portsjonid: 2

Raskusaste: lihtne

Koostis:

- 3 tomatit, seemnetest puhastatud ja jämedalt tükeldatud
- 2 spl basiilikut, värske ja hakitud
- 1 küüslauguküüs, hakitud
- 2 spl + ½ tassi oliiviõli, jagatud
- meresool ja must pipar maitse järgi
- 3 suurt rusikast kartulit
- 4 muna, suured
- 1 tl pune, värske ja peeneks hakitud

Näidustused:

Võta köögikombain ja pane sinna tomatid, sega need koorega läbi.

Lisage küüslauk, kaks supilusikatäit õli, sool, pipar ja basiilik. Sega kuni kõik on hästi segunenud. Pange see segu kastrulisse, keetke kaane all madalal kuumusel kakskümmend viis minutit. Teie kaste peaks olema paksenenud ja mullitav.

Lõika kartulid kuubikuteks ja asetage keskmisel kuumusel pannile koos ½ tassi oliiviõliga.

Prae kartulid krõbedaks ja kuldpruuniks. Selleks kulub viis minutit, nii et katke pann ja keerake kuumus madalaks. Aurutage neid, kuni kartulid on valmis.

Lisa munad tomatikastmele ja keeda tasasel tulel kuus minutit. Teie munad peaksid olema seatud.

Võta kartulid pannilt ja nõruta köögipaberiga. Pange need kaussi. Puista peale soola, pipart ja pune ning serveeri mune koos kartulitega. Nirista kaste seguga üle ja serveeri kuumalt.

Toitumine (100 g kohta): 348 kalorit 12 g rasva 7 g süsivesikuid 27 g valku 469 mg naatriumi

Avokaado ja mee smuuti

Valmistamisaeg: 5 minutit

Söögitegemise aeg: 0 minutit

Portsjonid: 2

Raskusaste: lihtne

Koostis:

- 1 ja pool tassi sojapiima
- 1 avokaado, suur
- 2 supilusikatäit mett, toores

Näidustused:

Kombineeri kõik koostisosad ja blenderda ühtlaseks massiks ning serveeri kohe.

Toitumine (100 g kohta): 280 kalorit 19 g rasva 11 g süsivesikuid 30 g valku 547 mg naatriumi

Taimne omlett

Valmistamisaeg: 5 minutit

Söögitegemise aeg: 10 minutit

Portsjonid: 2

Raskusaste: lihtne

Koostis:

- 1/2 beebi baklažaani, kooritud ja kuubikuteks lõigatud
- 1 peotäis beebispinati lehti
- 1 supilusikatäis oliiviõli
- 3 muna, suured
- 1 tl mandlipiima
- 1 unts kitsejuustu, purustatud
- 1/4 väikest punast paprikat, peeneks hakitud
- meresool ja must pipar maitse järgi

Näidustused:

Alusta ahjus grilli kuumutamisest ja seejärel klopi munad kokku mandlipiimaga. Veenduge, et see oleks hästi segunenud, ja seejärel võtke ahjukindel mittenakkuva pann välja. Pange see keskmisele kuumusele ja seejärel lisage oliiviõli.

Kui õli on kuumutatud, lisa munad. Laota sellele segule ühtlase kihina spinat ja lisa ülejäänud köögiviljad.

Alanda kuumust keskmisele ning puista peale soola ja pipart. Lase köögiviljadel ja munadel viis minutit küpseda. Munade alumine pool peaks olema kõva ja köögiviljad pehmed. Lisa kitsejuust ja grilli keskmisel restil 3-5 minutit. Munad peavad olema täielikult keedetud ja juust sulanud. Lõika viiludeks ja serveeri kuumalt.

Toitumine (100 g kohta): 340 kalorit 16 g rasva 9 g süsivesikuid 37 g valku 748 mg naatriumi

Mini salatirullid

Valmistamisaeg: 15 minutit

Söögitegemise aeg: 0 minutit

Portsjonid: 4

Raskusaste: lihtne

Koostis:

- 1 kurk, tükeldatud
- 1 punane sibul, hakitud
- 1 unts fetajuustu, vähendatud rasvasisaldusega ja murendatud
- 1 sidrun, pressitud
- 1 tükeldatud tomat
- 1 supilusikatäis oliiviõli
- 12 väikest jääsalati lehte
- meresool ja must pipar maitse järgi

Näidustused:

Pane tomat, sibul, feta ja kurk kaussi. Sega õli ja mahl ning maitsesta soola ja pipraga.

Täida iga leht köögiviljaseguga ja rulli tihedalt kokku. Enne serveerimist hoidke neid koos hambaorkuga.

Toitumine (100 g kohta): 291 kalorit 10 g rasva 9 g süsivesikuid 27 g valku 655 mg naatriumi

Õunakuskuss karriga

Valmistamisaeg: 20 minutit

Söögitegemise aeg: Viis minutit

Portsjonid: 4

Raskusaste: keskmine

Koostis:

- 2 tl oliiviõli
- 2 porrulauku, ainult valged osad, viilutatud
- 1 õun, tükeldatud
- 2 spl karripulbrit
- 2 tassi kuskussi, keedetud ja täistera
- 1/2 tassi pekanipähklit, hakitud

Näidustused:

Kuumuta õli pannil keskmisel kuumusel. Lisa porru ja küpseta pehmenemiseni, selleks peaks kuluma viis minutit. Lisa oma õun ja küpseta pehmeks.

Lisa karripulber ja kuskuss ning sega korralikult läbi. Eemaldage kuumusest ja lisage enne serveerimist kohe kreeka pähklid.

Toitumine (100 g kohta): 330 kalorit 12 g rasva 8 g süsivesikuid 30 g valku 824 mg naatriumi

Lambalihapirukas ja köögiviljad

Valmistamisaeg: 20 minutit

Söögitegemise aeg: 1 tund ja 10 minutit

Portsjonid: 8

Raskusaste: keskmine

Koostis:

- 1/4 tassi oliiviõli
- 1 nael lahja lambaliha, kondita ja tollideks lõigatud
- 2 suurt punast kartulit, hõõruda ja tükeldatud
- 1 sibul, jämedalt hakitud
- 2 küüslauguküünt, hakitud
- 28 untsi tükeldatud tomatid vedelaga, konserveeritud ja soolamata
- 2 suvikõrvitsat, lõigatud tolli viiludeks
- 1 punane paprika, seemnetest puhastatud ja 1-tollisteks kuubikuteks lõigatud
- 2 spl lamedate lehtedega peterselli, peeneks hakitud
- 1 supilusikatäis paprikat
- 1 tl tüümiani
- 1/2 tl kaneeli
- 1/2 klaasi punast veini
- meresool ja must pipar maitse järgi

Näidustused:

Alustuseks keerake ahi 325 kraadini, seejärel võtke välja suur pajaroog. Pane see keskmisele kuumusele, et kuumutada oliiviõli.

Kui õli on kuum, segage lambaliha pruunistamiseks. Segage sageli, et see ei valguks, seejärel asetage lambaliha röstimisvormi.

Küpseta küüslauku, sibulat ja kartulit pannil pehmeks, mis peaks võtma veel viis kuni kuus minutit. Pane ka need pannile. Vala kabatšokid, paprika ja tomatid koos ürtide ja vürtsidega pannile.

Laske veel kümme minutit podiseda, enne kui pannile valate. Lisa veini- ja piprakaste. Lisage oma tomat ja katke fooliumiga. Küpseta tund aega. Keetmise viimaseks viieteistkümneks minutiks eemaldage kaas ja vajadusel reguleerige vürtse.

Toitumine (100 g kohta): 240 kalorit 14 g rasva 8 g süsivesikuid 36 g valku 427 mg naatriumi

Luu koos ürtidega

Valmistamisaeg: 20 minutit

Söögitegemise aeg: 1 tund ja 5 minutit

Portsjonid: 4

Raskusaste: keskmine

Koostis:

- 1/2 tassi lamedate lehtedega peterselli, kergelt pakitud
- 1/4 tassi oliiviõli
- 4 küüslauguküünt, kooritud ja poolitatud
- 2 supilusikatäit värsket rosmariini
- 2 spl tüümiani lehti, värskeid
- 2 spl salvei, värske
- 2 spl sidrunikoort, värske
- 4 lestafileed
- meresool ja must pipar maitse järgi

Näidustused:

Kuumuta ahi 350 kraadini ja pane köögikombaini kõik koostisosad peale lesta. Sega, kuni moodustub kreeka pähkli pasta. Aseta fileed ahjuplaadile ja pintselda pastaga. Lase neil tund aega külmikus jahtuda. Küpseta kümme minutit. Maitsesta ja serveeri kuumalt.

Toitumine (100 g kohta): 307 kalorit 11 g rasva 7 g süsivesikuid 34 g valku 824 mg naatriumi

Lillkapsa kinoa

Valmistamisaeg: 15 minutit

Söögitegemise aeg: 10 minutit

Portsjonid: 4

Raskusaste: lihtne

Koostis:

- 1 1/2 tassi kinoad, keedetud
- 3 supilusikatäit oliiviõli
- 3 tassi lillkapsa õisikuid
- 2 kevadist sibulat, hakitud
- 1 spl punase veini äädikat
- meresool ja must pipar maitse järgi
- 1 spl punase veini äädikat
- 1 spl hakitud murulauku
- 1 spl hakitud peterselli

Näidustused:

Alustuseks kuumutage pann keskmisel kuumusel. Lisage oma õli. Kui õli on kuum, lisa talisibul ja küpseta umbes kaks minutit. Lisa kinoa ja lillkapsas, seejärel lisa ülejäänud koostisosad. Sega korralikult läbi ja kata. Küpseta keskmisel kuumusel üheksa minutit ja jaga serveerimiseks taldrikutele.

Toitumine (100 g kohta): 290 kalorit 14 g rasva 9 g süsivesikuid 26 g valku 656 mg naatriumi

Mango pirni smuuti

Valmistamisaeg: 5 minutit

Söögitegemise aeg: 0 minutit

Portsjonid: 1

Raskusaste: lihtne

Koostis:

- 2 jääkuubikut
- ½ tassi tavalist kreeka jogurtit
- ½ mangot, kooritud, kividest eemaldatud ja tükkideks lõigatud
- 1 tass lehtkapsast, tükeldatud
- 1 pirn, küps, puhastatud südamikust ja tükeldatud

Näidustused:

Segage, kuni segu on paks ja homogeenne. Serveeri külmalt.

Toitumine (100 g kohta): 350 kalorit 12 g rasva 9 g süsivesikuid 40 g valku 457 mg naatriumi

spinati omlett

Valmistamisaeg: 10 minutit

Söögitegemise aeg: 20 minutit

Portsjonid: 4

Raskusaste: lihtne

Koostis:

- 3 supilusikatäit oliiviõli
- 1 sibul, väike ja hakitud
- 1 küüslauguküüs, hakitud
- 4 suurt tomatit, kooritud ja tükeldatud
- 1 tl meresoola, hea
- 8 lahtiklopitud muna
- ¼ tl musta pipart
- 2 untsi fetajuustu, purustatud
- 1 spl lamedate lehtedega peterselli, värske ja hakitud

Näidustused:

Kuumuta ahi 400 kraadini ja vala oliiviõli ahjukindlale pannile. Asetage pann kõrgele tulele ja lisage sibul. Küpseta viis kuni seitse minutit. Teie sibul peaks pehmenema.

Lisa tomatid, sool, pipar ja küüslauk. Seejärel hauta veel viis minutit ja lisa lahtiklopitud munad. Sega kergelt läbi ja küpseta 3-5 minutit. Need tuleks asetada põhja. Asetage pann ahju ja küpseta veel viis minutit. Võta ahjust välja, kaunista peterselli ja fetaga. Serveeri kuumalt.

Toitumine (100 g kohta): 280 kalorit 19 g rasva 10 g süsivesikuid 31 g valku 625 mg naatriumi

Mandli pannkoogid

Valmistamisaeg: 15 minutit
Söögitegemise aeg: 15 minutit
Portsjonid: 6
Raskusaste: lihtne

Koostis:

- 2 tassi mandlipiima, magustamata ja toatemperatuuril
- 2 muna, suurt ja toatemperatuuril
- ½ tassi kookosõli, sulatatud + veel määrimiseks
- 2 tl mett, toores
- ¼ tl meresoola, hea
- ½ tl küpsetuspulbrit
- 1 tass täistera nisujahu
- ½ tassi mandlijahu
- 1 ja pool teelusikatäit küpsetuspulbrit
- ¼ tl kaneeli, jahvatatud

Näidustused:

Võtke suur kauss ja vahustage kookosõli, munad, mandlipiim ja mesi, segades, kuni kõik on hästi segunenud.

Võtke keskmise suurusega kauss ja sõeluge küpsetuspulber, küpsetuspulber, mandlijahu, meresool, täisterajahu ja kaneel. Sega hästi.

Lisa oma jahusegu piimasegule ja klopi korralikult läbi.

Võtke suur praepann ja määrige see enne keskmisele kuumusele panemist kookosõliga. Lisa ½ tassi pannkoogitainast.

Küpseta kolm minutit või kuni servad on kinni. Pannkoogi põhi peaks olema kuldpruun ja mullid peaksid pinna purustama. Prae mõlemalt poolt.

Puhastage pann ja korrake, kuni olete kogu taigna ära kasutanud. Määri pann kindlasti uuesti rasvainega ja soovi korral kaunista värskete puuviljadega.

Toitumine (100 g kohta): 205 kalorit 16 g rasva 9 g süsivesikuid 36 g valku 828 mg naatriumi

Quinoa puuviljasalat

Valmistamisaeg: 25 minutit

Söögitegemise aeg: 0 minutit

Portsjonid: 4

Raskusaste: lihtne

Koostis:

- 2 supilusikatäit mett, toores
- 1 tass maasikaid, värsked ja viilutatud
- 2 spl laimimahla, värske
- 1 tl basiilikut, värske ja tükeldatud
- 1 tass kinoa, keedetud
- 1 mango, kooritud, kivideta ja kuubikuteks lõigatud
- 1 tass murakad, värsked
- 1 virsik, kivideta ja kuubikuteks
- 2 kiivit, kooritud ja neljaks lõigatud

Näidustused:

Alustuseks sega väikeses kausis laimimahl, basiilik ja mesi. Sega teises kausis maasikad, kinoa, murakad, virsikud, kiivid ja mangod. Enne serveerimist lisage mee segu ja segage.

Toitumine (100 g kohta): 159 kalorit 12 g rasva 9 g süsivesikuid 29 g valku 829 mg naatriumi

Maasika-rabarberi smuuti

Valmistamisaeg: 8 minutit

Söögitegemise aeg: 0 minutit
Portsjonid: 1
Raskusaste: lihtne

Koostis:

- 1 tass maasikaid, värsked ja viilutatud
- 1 vars rabarber, peeneks hakitud
- 2 supilusikatäit mett, toores
- 3 jääkuubikut
- 1/8 tl jahvatatud kaneeli
- ½ tassi tavalist kreeka jogurtit

Näidustused:

Alustage väikese panniga ja täitke see veega. Pane kõrgele tulele keema ja lisa siis rabarber. Keeda kolm minutit enne kurnamist ja blenderisse ülekandmist.

Lisage segistisse jogurt, mesi, kaneel ja maasikad. Lisa jäätis, kui see on ühtlane. Segage, kuni pole tükke ja see muutub paksuks. Nautige külma.

Toitumine (100 g kohta): 201 kalorit 11 g rasva 9 g süsivesikuid 39 g valku 657 mg naatriumi

Odrapuder

Valmistamisaeg: 10 minutit
Söögitegemise aeg: 20 minutit
Portsjonid: 4

Raskusaste: lihtne

Koostis:

- 1 tass nisu marju
- 1 tass otra
- 2 tassi mandlipiima, magustamata + rohkem serveerimiseks
- ½ tassi mustikaid
- ½ tassi granaatõunaseemneid
- 2 tassi vett
- ½ tassi sarapuupähkleid, röstitud ja hakitud
- ¼ tassi mett, toores

Näidustused:

Võtke kastrul, asetage see keskmisele kuumusele ja seejärel lisage mandlipiim, vesi, oder ja nisumarjad. Enne kuumuse vähendamist keetke ja keetke kakskümmend viis minutit. Sega sageli. Teie oad peaksid pehmenema.

Kaunista iga portsjon mustikate, granaatõunaseemnete, sarapuupähklite, lusikatäie mee ja mandlipiimaga.

Toitumine (100 g kohta): 150 kalorit 10 g rasva 9 g süsivesikuid 29 g valku 546 mg naatriumi

Piparkoogi ja kõrvitsa smuuti

Valmistamisaeg: 15 minutit
Söögitegemise aeg: 50 minutit
Portsjonid: 1

Raskusaste: lihtne

Koostis:

- 1 tass mandlipiima, magustamata
- 2 tl chia seemneid
- 1 banaan
- ½ tassi konserveeritud kõrvitsapüreed
- ¼ tl ingverit, jahvatatud
- ¼ tl kaneeli, jahvatatud
- 1/8 tl muskaatpähklit, jahvatatud

Näidustused:

Alusta sellest, et võta kauss ja sega chai seemned ja mandlipiim. Lase neil tõmmata vähemalt tund, aga võid leotada ka üleöö. Viige need blenderisse.

Lisa ülejäänud koostisosad ja seejärel sega ühtlaseks massiks. Serveeri külmalt.

Toitumine (100 g kohta): 250 kalorit 13 g rasva 7 g süsivesikuid 26 g valku 621 mg naatriumi

Roheline mahl

Valmistamisaeg: 5 minutit
Söögitegemise aeg: 0 minutit
Portsjonid: 1
Raskusaste: lihtne

Koostis:

- 3 tassi tumerohelisi lehtköögivilju
- 1 kurk
- ¼ tassi värsket Itaalia peterselli
- ¼ ananassi, lõigatud viiludeks
- ½ rohelist õuna
- ½ apelsini
- ½ sidruni
- Näputäis värskelt riivitud ingverit

Näidustused:

Püreesta mahlapressi abil köögiviljad, kurk, petersell, ananass, õun, apelsin, sidrun ja ingver, vala suurde tassi ja serveeri.

Toitumine (100 g kohta): 200 kalorit 14 g rasva 6 g süsivesikuid 27 g valku 541 mg naatriumi

Pähkli datli smuuti

Valmistamisaeg: 10 minutit
Söögitegemise aeg: 0 minutit
Portsjonid: 2
Raskusaste: lihtne

Koostis:

- 4 kividega datlit
- ½ tassi piima
- 2 tassi tavalist kreeka jogurtit
- 1/2 tassi kreeka pähkleid
- ½ tl kaneeli, jahvatatud
- ½ tl vaniljeekstrakti, puhas
- 2-3 jääkuubikut

Näidustused:

Sega kõik ühtlaseks ja serveeri külmalt.

Toitumine (100 g kohta): 109 kalorit 11 g rasva 7 g süsivesikuid 29 g valku 732 mg naatriumi

Puuvilja piimakokteil

Valmistamisaeg: 5 minutit

Söögitegemise aeg: 0 minutit

Portsjonid: 2

Raskusaste: lihtne

Koostis:

- 2 tassi mustikaid
- 2 tassi magustamata mandlipiima
- 1 tass purustatud jääd
- ½ tl jahvatatud ingverit

Näidustused:

Pane mustikad, mandlipiim, jää ja ingver blenderisse. Sega ühtlaseks aineks.

Toitumine (100 g kohta): 115 kalorit 10 g rasva 5 g süsivesikuid 27 g valku 912 mg naatriumi

Banaani ja šokolaadi smuuti

Valmistamisaeg: 5 minutit
Söögitegemise aeg: 0 minutit
Portsjonid: 2
Raskusaste: lihtne

Koostis:

- 2 kooritud banaani
- 1 tass lõssi
- 1 tass purustatud jääd
- 3 supilusikatäit magustamata kakaopulbrit
- 3 supilusikatäit mett

Näidustused:

Sega segistis banaanid, mandlipiim, jää, kakaopulber ja mesi. Segage, kuni saate homogeense segu.

Toitumine (100 g kohta): 150 kalorit 18 g rasva 6 g süsivesikuid 30 g valku 821 mg naatriumi

Jogurt mustikate, mee ja piparmündiga

Valmistamisaeg: 5 minutit

Söögitegemise aeg: 0 minutit

Portsjonid: 2

Raskusaste: lihtne

Koostis:

- 2 tassi magustamata madala rasvasisaldusega Kreeka jogurtit
- 1 tass mustikaid
- 3 supilusikatäit mett
- 2 spl hakitud värskeid piparmündi lehti

Näidustused:

Jaga jogurt 2 kausi vahel. Kaunista mustikate, mee ja piparmündiga.

Toitumine (100 g kohta): 126 kalorit 12 g rasva 8 g süsivesikuid 37 g valku 932 mg naatriumi

Parfee marjade ja jogurtiga

Valmistamisaeg: 5 minutit
Söögitegemise aeg: 0 minutit
Portsjonid: 2
Raskusaste: lihtne

Koostis:

- 1 tass vaarikaid
- 1½ tassi magustamata madala rasvasisaldusega kreeka jogurtit
- 1 tass murakad
- ¼ tassi hakitud kreeka pähkleid

Näidustused:

Lao vaarikad, jogurt ja murakad 2 kaussi. Puista peale kreeka pähklid.

Toitumine (100 g kohta): 119 kalorit 13 g rasva 7 g süsivesikuid 28 g valku 732 mg naatriumi

Kaerahelbed marjade ja päevalilleseemnetega

Valmistamisaeg: 5 minutit

Söögitegemise aeg: 10 minutit

Portsjonid: 4

Raskusaste: lihtne

Koostis:

- 1 tass vett
- ½ tassi magustamata mandlipiima
- näputäis soola
- 1 tass vanaaegset kaera
- ½ tassi mustikaid
- ½ tassi vaarikaid
- ¼ tassi päevalilleseemneid

Näidustused:

Keeda keskmisel kastrulis keskmisel kuumusel vesi koos mandlipiima ja meresoolaga.

Lisa kaer. Alandage kuumust keskmisele madalale ja jätkake segamist ning keetke 5 minutit. Kata ja lase kaerahelbed veel 2 minutit seista. Sega läbi ja serveeri mustikate, vaarikate ja päevalilleseemnetega.

Toitumine (100 g kohta): 106 kalorit 9 g rasva 8 g süsivesikuid 29 g valku 823 mg naatriumi

Kiire mandli ja vahtra tera

Valmistamisaeg: 5 minutit

Söögitegemise aeg: 10 minutit

Portsjonid: 4

Raskusaste: lihtne

Koostis:

- 1 tass vett
- ½ tassi magustamata mandlipiima
- näputäis soola
- ½ tassi kiiresti valmivat manna
- ½ tl jahvatatud kaneeli
- ¼ tassi puhast vahtrasiirupit
- ¼ tassi tükeldatud mandleid

Näidustused:

Pange vesi, mandlipiim ja meresool keskmisele kuumusele kastrulisse ja oodake, kuni see keeb.

Sega pidevalt puulusikaga, lisa aeglaselt terad. Jätkake segamist, et vältida tükkide tekkimist, ja laske segul keema tõusta. Alandage kuumust keskmiselt madalale. Hauta paar minutit, sageli segades, kuni vesi on täielikult imendunud. Lisa kaneel, siirup ja mandlid. Keeda segades veel 1 minut.

Toitumine (100 g kohta):126 kalorit 10 g rasva 7 g süsivesikuid 28 g valku 851 mg naatriumi

Banaani kaerahelbed

Valmistamisaeg: 10 minutit

Söögitegemise aeg: 10 minutit

Portsjonid: 2

Raskusaste: lihtne

Koostis:

- 1 banaan, kooritud ja viilutatud
- c. mandlipiim
- c. külmpruulitud kohv
- 2 kividega datlit
- 2 supilusikatäit. kakaopulber
- 1 c. kaerahelbed
- 1 ja pool supilusikatäit. Chia seemned

Näidustused:

Lisa kõik koostisosad blenderiga. Töötle hästi 5 minutit ja serveeri.

Toitumine (100 g kohta): 288 kalorit 4,4 g rasva 10 g süsivesikuid 5,9 g valku 733 mg naatriumi

Hommikusöögiks kukkel

Valmistamisaeg: 5 minutit

Söögitegemise aeg: 20 minutit

Portsjonid: 4

Raskusaste: lihtne

Koostis:

- 4 mitmevilja võileiba
- 4 tl. oliiviõli
- 4 muna
- 1 supilusikatäis. rosmariin, värske
- 2 c. beebispinati lehed, värsked
- 1 tomat, viilutatud
- 1 supilusikatäis. feta juustust
- Näputäis koššersoola
- Jahvatatud must pipar

Näidustused:

Valmistage ahi temperatuurini 375 F/190 C. Pintseldage õhukeste külgi 2 tl. oliiviõli ja asetage küpsetusplaadile. Küpseta ja prae 5 minutit või kuni servad on kergelt pruunistunud.

Lisa kastrulis kõrgel kuumusel ülejäänud oliiviõli ja rosmariin. Murra ja lisa ükshaaval pannile terved munad. Kollane peaks olema veel vedel, aga valge peaks tarduma.

Murra spaatliga munakollased. Keera muna ümber ja prae teiselt poolt, kuni see on küpsenud. Tõsta munad tulelt. Laota röstitud võileivad neljale eraldi taldrikule. Jumalik spinat peente seas. Katke iga õhuke viil kahe tomativiilu, keedetud muna ja 1 spl. feta juustust. Puista maitse järgi kergelt soola ja pipraga. Tõsta peale ülejäänud õhukesed võileiva pooled ja need on serveerimiseks valmis.

Toitumine (100 g kohta): 241 kalorit 12,2 g rasva 60,2 g süsivesikuid 21 g valku 855 mg naatriumi

hommikune kuskuss

Valmistamisaeg: 10 minutit

Söögitegemise aeg: 8 minutit

Portsjonid: 4

Raskusaste: keskmine

Koostis:

- 3 c. lõss
- 1 c. terve kuskuss, toores
- 1 kaneelipulk
- ½ hakitud aprikoosi, kuivatatud
- c. sõstrad, kuivatatud
- 6 tl. pruun suhkur
- ¼ tl. soolane
- 4 tl. sulatatud või

Näidustused:

Võtke suur kastrul ja ühendage piim ja kaneelipulk ning kuumutage keskmisel kuumusel. Kuumuta 3 minutit või kuni panni servade ümber tekivad mikromullid. Ära küpseta. Tõsta tulelt, lisa kuskuss, aprikoosid, sõstrad, sool ja 4 tl. Pruun suhkur. Katke segu ja laske 15 minutit puhata. Eemaldage kaneelipulk ja visake ära. Jaga kuskuss 4 kaussi ja tõsta igasse kaussi 1 tl. sulatatud või ja ½ tl. Pruun suhkur. Serveerimiseks valmis.

Toitumine (100 g kohta): 306 kalorit 6 g rasva 5 g süsivesikuid 9 g valku 944 mg naatriumi

Avokaado ja õuna smuuti

Valmistamisaeg: 5 minutit

Söögitegemise aeg: 0 minutit

Portsjonid: 2

Raskusaste: lihtne

Koostis:

- 3 c. spinat
- 1 roheline õun, tükeldatud südamikuga
- 1 avokaado, kivideta, kooritud ja tükeldatud
- 3 spl. Chia seemned
- 1 tl. kallis
- 1 külmutatud banaan, kooritud
- 2 c. kookospiim

Näidustused:

Lisage kõik koostisosad segistiga. Töötle hästi 5 minutit, et saada ühtlane konsistents ja serveeri klaasides.

Toitumine (100 g kohta): 208 kalorit 10,1 g rasva 6 g süsivesikuid 7 g valku 924 mg naatriumi

Mini omlett

Valmistamisaeg: 10 minutit

Söögitegemise aeg: 20 minutit

Portsjonid: 8

Raskusaste: lihtne

Koostis:

- 1 kollane sibul, hakitud
- 1 c. Riivitud parmesani juust
- 1 peeneks hakitud kollane paprika
- 1 viilutatud punane paprika
- 1 viilutatud suvikõrvits
- Sool ja must pipar
- Prits oliiviõli
- 8 lahtiklopitud muna
- 2 supilusikatäit. hakitud murulauk

Näidustused:

Asetage praepann keskmisele kuumusele. Lisa kuumutamiseks õli. Lisa kõik koostisosad peale murulauku ja muna. Pruunista umbes 5 minutit.

Aseta munad muffinivormi ja kaunista murulauguga. Seadke ahi temperatuurini 350 F/176 C. Asetage muffinipann ahju umbes 10 minutiks küpsema. Serveeri munad taldrikul koos praetud köögiviljadega.

Toitumine (100 g kohta):55 kalorit 3 g rasva 0,7 g süsivesikuid 9 g valku 844 mg naatriumi

Kaerahelbed päikesekuivatatud tomatitega

Valmistamisaeg: 10 minutit

Söögitegemise aeg: 25 minutit

Portsjonid: 4

Raskusaste: lihtne

Koostis:

- 3 c. vesi
- 1 c. mandlipiim
- 1 supilusikatäis. oliiviõli
- 1 c. terasest lõigatud kaer
- c. tükeldatud tomatid, kuivatatud päikese käes
- Näputäis punase pipra helbeid

Näidustused:

Lisa kastruli abil vesi ja piim, et segada. Pange keskmisele kuumusele ja laske keema. Valmistage keskmisel kuumusel teine pann. Kuumuta õli ja lisa kaerahelbed 2 minutiks küpsema. Tõsta esimesele pannile koos tomatitega ja sega läbi. Lase haududa umbes 20 minutit. Tõsta lusikaga kaussidesse ja kaunista tšillihelvestega. Nautima.

Toitumine (100 g kohta): 170 kalorit 17,8 g rasva 1,5 g süsivesikuid 10 g valku 645 mg naatriumi

Muna avokaadol

Valmistamisaeg: 5 minutit
Söögitegemise aeg: 15 minutit
Portsjonid: 6
Raskusaste: lihtne

Koostis:

- 1 tl. küüslaugupulber
- ½ tl. meresool
- c. riivitud parmesani juust
- ¼ tl. must pipar
- 3 kivideta avokaadot, poolitatud
- 6 muna

Näidustused:

Valmistage muffinivormid ja seadke ahi temperatuurini 350 F / 176 C. Jaga avokaado. Veendumaks, et muna mahub avokaadoõõnde, kraapige kergelt 1/3 viljalihast.

Aseta avokaado muffinivormile nii, et see jääb ülespoole. Maitsesta iga avokaado ühtlaselt soola, pipra ja küüslaugupulbriga. Lisa igasse avokaadoõõnsusse üks muna ja raputa peale juust. Pange ahju küpsetama, kuni munavalged on hangunud, umbes 15 minutit. Serveeri ja naudi.

Toitumine (100 g kohta): 252 kalorit 20 g rasva 2 g süsivesikuid 5 g valku 946 mg naatriumi

Brekky Egg- Kartulihašš

Valmistamisaeg: 10 minutit

Söögitegemise aeg: 25 minutit

Portsjonid: 2

Raskusaste: lihtne

Koostis:

- 1 suvikõrvits, kuubikuteks
- c. Kana puljong
- 1/2 naela või 220 g keedetud kana
- 1 supilusikatäis. oliiviõli
- 4 Oz. või 113 g krevette
- Sool ja must pipar
- 1 tükeldatud maguskartul
- 2 muna
- ¼ tl. Cayenne'i pipar
- 2 tl. küüslaugupulber
- 1 c. värske spinat

Näidustused:

Lisa pannile oliiviõli. Prae krevette, keedetud kana ja bataati 2 minutit. Lisa Cayenne'i pipar, küüslaugupulber ja sega 4 minutit. Lisa suvikõrvits ja sega veel 3 minutit.

Klopi munad kaussi ja lisa pannile. Maitsesta soola ja pipraga. Katke kaanega. Küpseta veel 1 minut ja sega juurde kanapuljong.

Katke ja küpseta kõrgel kuumusel veel 8 minutit. Lisa spinat, sega veel 2 minutit ja serveeri.

Toitumine (100 g kohta): 198 kalorit 0,7 g rasva 7 g süsivesikuid 10 g valku 725 mg naatriumi

Tomati ja basiiliku supp

Valmistamisaeg: 10 minutit

Söögitegemise aeg: 25 minutit

Portsjonid: 2

Raskusaste: keskmine

Koostis:

- 2 supilusikatäit. juurvilja varu
- 1 hakitud küüslauguküüs
- c. valge sibul
- 1 sellerivars, peeneks hakitud
- 1 viilutatud porgand
- 3 c. tomatid, tükkidena
- Sool ja pipar
- 2 loorberilehte
- 1 c. magustamata mandlipiim
- 1/3 c. basiiliku lehed

Näidustused:

Keeda köögiviljapuljong suures kastrulis keskmisel kuumusel. Lisa küüslauk ja sibul ning küpseta 4 minutit. Lisa porgand ja seller. Küpseta veel 1 minut.

Pange tomatid ja keetke. Keeda 15 minutit. Lisa mandlipiim, basiilik ja loorberilehed. Maitsesta ja serveeri.

Toitumine (100 g kohta): 213 kalorit 3,9 g rasva 9 g süsivesikuid 11 g valku 817 mg naatriumi

kõrvits Hummus

Valmistamisaeg: 10 minutit

Söögitegemise aeg: 15 minutit

Portsjonid: 4

Raskusaste: lihtne

Koostis:

- 2 naela või 900 g seemneteta kõrvitsat, kooritud
- 1 supilusikatäis. oliiviõli
- c. tahini
- 2 supilusikatäit. sidrunimahl
- 2 hakitud küüslauguküünt
- Sool ja pipar

Näidustused:

Kuumuta ahi temperatuurini 300 F / 148 C. Pintselda squash oliiviõliga. Tõsta küpsetusplaadile 15 minutiks ahju küpsema. Kui kõrvits on küpsenud, pane see koos ülejäänud koostisosadega köögikombaini.

Sega ühtlaseks aineks. Serveeri porgandi ja selleriga. Koha edasiseks kasutamiseks üksikutes konteinerites kleepige silt ja hoidke külmkapis. Laske enne mikrolaineahjus soojendamist toatemperatuurini soojeneda.

Toitumine (100 g kohta): 115 kalorit 5,8 g rasva 6,7 g süsivesikuid 10 g valku 946 mg naatriumi

Singimuffinid

Valmistamisaeg: 10 minutit

Söögitegemise aeg: 15 minutit

Portsjonid: 6

Raskusaste: keskmine

Koostis:

- 9 viilu sinki
- 1/3 c. hakitud spinat
- c. murendatud fetajuust
- c. hakitud röstitud punane paprika
- Sool ja must pipar
- 1 ja pool supilusikatäit. Basiiliku pesto
- 5 lahtiklopitud muna

Näidustused:

Määri muffinivorm rasvainega. Kasutage iga muffinivormi vooderdamiseks 1 singiviilu. Jaga ülejäänud koostisosad singitopside peale, välja arvatud must pipar, sool, pesto ja munad. Klopi kausis lahti pipar, sool, pesto ja munad. Vala peale piprasegu. Seadke ahi temperatuurini 400 F/204 C ja küpsetage umbes 15 minutit. Serveeri kohe.

Toitumine (100 g kohta): 109 kalorit 6,7 g rasva 1,8 g süsivesikuid 9 g valku 386 mg naatriumi

Spelta salat

Valmistamisaeg: 10 minutit

Söögitegemise aeg: 0 minutit

Portsjonid: 2

Raskusaste: lihtne

Koostis:

- 1 supilusikatäis. oliiviõli
- Sool ja must pipar
- 1 hunnik beebispinatit, peeneks hakitud
- 1 avokaado, kivideta, kooritud ja tükeldatud
- 1 hakitud küüslauguküüs
- 2 c. keedetud spelta
- c. kirsstomatid, tükeldatud

Näidustused:

Seadke leek keskmisele temperatuurile. Pane õli pannile ja kuumuta. Lisa ülejäänud koostisosad. Keeda segu umbes 5 minutit. Tõsta taldrikutele ja naudi.

Toitumine (100 g kohta): 157 kalorit 13,7 g rasva 5,5 g süsivesikuid 6 g valku 615 mg naatriumi

Mustikad ja datlid

Valmistamisaeg: 10 minutit

Söögitegemise aeg: 20 minutit

Portsjonid: 10

Raskusaste: lihtne

Koostis:

- 12 kivideta datlit, peeneks hakitud
- 1 tl. vanilje ekstrakti
- c. kallis
- c. kaerahelbed
- c. kuivatatud jõhvikad
- c. sulatatud mandli avokaadoõli
- 1 c. hakitud kreeka pähklid, röstitud
- c. kõrvitsaseemned

Näidustused:

Kasutage kaussi, et kõik koostisosad omavahel segada.

Kata ahjuplaadile küpsetuspaber. Vajutage segu seadistusele.

Aseta umbes 30 minutiks sügavkülma. Lõika 10 ruuduks ja naudi.

Toitumine (100 g kohta): 263 kalorit 13,4 g rasva 14,3 g süsivesikuid 7 g valku 845 mg naatriumi

Omlett läätsede ja cheddariga

Valmistamisaeg: 5 minutit

Söögitegemise aeg: 17 minutit

Portsjonid: 4

Raskusaste: lihtne

Koostis:

- 1 hakitud punane sibul
- 2 supilusikatäit. oliiviõli
- 1 c. keedetud bataat, tükeldatud
- c. hakitud sink
- 4 lahtiklopitud muna
- c. keedetud läätsed
- 2 supilusikatäit. Kreeka jogurt
- Sool ja must pipar
- c. poolitatud kirsstomatid,
- c. riivitud cheddari juust

Näidustused:

Keera kuumus keskmisele kuumusele ja pane sellele kastrul. Lisa kuumutamiseks õli. Sega juurde sibul ja lase umbes 2 minutit pruunistuda. Lisa ülejäänud koostisosad, välja arvatud juust ja munad, ning küpseta veel 3 minutit. Lisa munad, kaunista juustuga. Keeda kaane all veel 10 minutit.

Viiluta omlett, pane kaussidesse ja naudi.

Toitumine (100 g kohta): 274 kalorit 17,3 g rasva 3,5 g süsivesikuid 6 g valku 843 mg naatriumi

Tuunikala võileib

Valmistamisaeg: 5 minutit
Söögitegemise aeg: Viis minutit
Portsjonid: 2
Raskusaste: lihtne

Koostis:

- 6 untsi. või 170 g tuunikalakonservi, nõrutatud ja helvestatud
- 1 avokaado, kivideta, kooritud ja purustatud
- 4 viilu täisteraleiba
- Näputäis soola ja musta pipart
- 1 supilusikatäis. murendatud fetajuust
- 1 c. väike spinat

Näidustused:

Kasutage kaussi, et segada kokku pipar, sool, tuunikala ja juust. Määri saiaviiludele avokaadopüree kreem.

Samamoodi jaga tuunikala-spinati segu kahe viilu vahel. Lõpeta ülejäänud 2 viiluga. Serveerima.

Toitumine (100 g kohta): 283 kalorit 11,2 g rasva 3,4 g süsivesikuid 8 g valku 754 mg naatriumi

Spelta salat

Valmistamisaeg: 15 minutit

Söögitegemise aeg: 30 minutit

Portsjonid: 4

Raskusaste: keskmine

Koostis:

- salat
- 2 tassi köögiviljapuljongit
- ¾ tassi murendatud fetajuustu
- 1 purk kikerherneid, nõrutatud
- 1 kurk, tükkidena
- 1 tass speltapärli
- 1 supilusikatäis oliiviõli
- ½ hakitud sibulat
- 2 tassi beebispinatit, hakitud
- 1 liiter kirsstomatid
- 1 tass vett
- Vürtsid:
- 2 supilusikatäit sidrunimahla
- 1 supilusikatäis mett
- ¼ tassi oliiviõli
- ¼ teelusikatäit pune
- 1 näputäis punase pipra helbeid
- ¼ teelusikatäit soola

- 1 spl punase veini äädikat

Näidustused:

Kuumuta pannil õli. Lisa spelta ja prae minut aega. Segage seda toiduvalmistamise ajal sageli. Lisa vesi ja puljong ning kuumuta keemiseni. Vähendage kuumust ja küpseta, kuni farro on pehme, umbes 30 minutit. Kurna vesi ja pane spelta kaussi.

Lisa spinat ja sega. Lase umbes 20 minutit jahtuda. Lisa kurk, sibul, tomat, paprika, kikerherned ja feta. Segage hästi, et saada hea segu. Astuge tagasi ja valmistage kaste.

Sega kõik kastme koostisosad ja sega korralikult ühtlaseks massiks. Valage see kaussi ja segage hästi. Maitsesta hästi maitse järgi.

Toitumine (100 g kohta): 365 kalorit 10 g rasva 43 g süsivesikuid 13 g valku 845 mg naatriumi

Kikerherne ja suvikõrvitsa salat

Valmistamisaeg: 10 minutit

Söögitegemise aeg: 0 minutit

Portsjonid: 3

Raskusaste: lihtne

Koostis:

- ¼ tassi balsamico äädikat
- 1/3 tassi hakitud basiiliku lehti
- 1 spl kappareid, nõrutatud ja peeneks hakitud
- ½ tassi purustatud fetajuustu
- 1 purk kikerherneid, nõrutatud
- 1 hakitud küüslauguküüs
- ½ tassi Kalamata oliive, tükeldatud
- 1/3 tassi oliiviõli
- ½ tassi magusat sibulat, hakitud
- ½ tl oreganot
- 1 näputäis purustatud punase pipra helbeid
- ¾ tassi punast pipart, hakitud
- 1 spl hakitud rosmariini
- 2 tassi suvikõrvitsat, tükeldatud
- Sool ja pipar maitse järgi

Näidustused:

Asetage köögiviljad kaussi ja katke tihedalt.

Serveeri toatemperatuuril. Kuid parimate tulemuste saavutamiseks hoia kaussi enne serveerimist mõneks tunniks külmkapis, et maitsed seguneksid.

Toitumine (100 g kohta): 258 kalorit 12 g rasva 19 g süsivesikuid 5,6 g valku 686 mg naatriumi

Provence artišoki salat

Valmistamisaeg: 15 minutit

Söögitegemise aeg: Viis minutit

Portsjonid: 3

Raskusaste: lihtne

Koostis:

- 250 g artišokisüdameid
- 1 tl hakitud basiilikut
- 2 küüslauguküünt, hakitud
- 1 sidruni koor
- 1 supilusikatäis oliive, peeneks hakitud
- 1 supilusikatäis oliiviõli
- ½ hakitud sibulat
- 1 näputäis, ½ tl soola
- 2 tomatit tükkidena
- 3 supilusikatäit vett
- ½ klaasi valget veini
- Sool ja pipar maitse järgi

Näidustused:

Kuumuta pannil õli. Puuvilja sibul ja küüslauk. Prae kuni sibulad on läbipaistvad ja maitsesta näpuotsatäie soolaga. Lisa valge vein ja hauta, kuni vein on poole võrra vähenenud.

Lisa tomati viljaliha, artišokisüdamed ja vesi. Küpseta madalal kuumusel, seejärel lisa sidrunikoor ja umbes ½ tl soola. Katke ja küpseta umbes 6 minutit.

Lisa oliivid ja basiilik. Maitsesta hästi ja naudi!

Toitumine (100 g kohta): 147 kalorit 13 g rasva 18 g süsivesikuid 4 g valku 689 mg naatriumi

Bulgaaria salat

Valmistamisaeg: 10 minutit

Söögitegemise aeg: 20 minutit

Portsjonid: 2

Raskusaste: keskmine

Koostis:

- 2 tassi bulgurit
- 1 supilusikatäis võid
- 1 kurk, tükkideks lõigatud
- ¼ tassi tilli
- ¼ tassi musti oliive, poolitatud
- 1 spl, 2 tl oliiviõli
- 4 tassi vett
- 2 tl punase veini äädikat
- soola, piisavalt

Näidustused:

Rösti bulgur pannil või ja oliiviõli seguga. Küpseta, kuni bulgur on kuldpruun ja hakkab purunema.

Lisa vesi ja maitsesta soolaga. Keera kõik kokku ja hauta umbes 20 minutit või kuni bulgur on pehme.

Sega kausis kurgitükid oliiviõli, tilli, punase veini äädika ja mustade oliividega. Sega kõik hästi läbi.

Kombineeri kurk ja bulgur.

Toitumine (100 g kohta): 386 kalorit 14 g rasva 55 g süsivesikuid 9 g valku 545 mg naatriumi

Kauss falafeli salatit

Valmistamisaeg: 15 minutit

Söögitegemise aeg: Viis minutit

Portsjonid: 2

Raskusaste: lihtne

Koostis:

- 1 spl kuuma küüslaugukastet
- 1 spl küüslaugu ja tilli kastet
- 1 pakk taimetoidu falafeli
- 1 kast huumust
- 2 supilusikatäit sidrunimahla
- 1 spl kivideta kalamata oliive
- 1 spl ekstra neitsioliiviõli
- 1/4 tassi sibulat, tükeldatud
- 2 tassi hakitud peterselli
- 2 tassi krõbedat pitat
- 1 näputäis soola
- 1 spl tahini kastet
- ½ tassi tükeldatud tomatit

Näidustused:

Küpseta valmis falafel. Pange see kõrvale. Tee salat. Sega petersell, sibul, tomat, sidrunimahl, oliiviõli ja sool. Viska kõik minema ja pane kõrvale. Tõsta kõik serveerimiskaussidesse. Lisa petersell ja tõsta peale huumus ja falafel. Piserda kaussi tahinikastme, tšilli ja küüslaugukastme ning tillikastmega. Serveerimisel lisa sidrunimahl ja sega salat korralikult läbi. Serveeri pita leivaga küljel.

Toitumine (100 g kohta): 561 kalorit 11 g rasva 60,1 g süsivesikuid 18,5 g valku 944 mg naatriumi

Lihtne Kreeka salat

Valmistamisaeg: 15 minutit
Söögitegemise aeg: 0 minutit
Portsjonid: 2
Raskusaste: lihtne

Koostis:

- 120 g Kreeka fetat kuubikutena
- 5 kurki, pikkupidi lõigatud
- 1 tl mett
- 1 sidrun, närida ja riivida
- 1 tass kalamata oliive, kivideta ja poolitatud
- ¼ tassi ekstra neitsioliiviõli
- 1 sibul, hakitud
- 1 tl oreganot
- 1 näputäis värsket pune (kaunistuseks)
- 12 tomatit, neljaks lõigatud
- ¼ tassi punase veini äädikat
- Sool ja pipar maitse järgi

Näidustused:

Leota kausis sibulaid soolaga maitsestatud vees 15 minutit. Sega suures kausis mesi, sidrunimahl, sidrunikoor, pune, sool ja pipar. Sega kõik läbi. Lisage pidevalt segades järk-järgult oliiviõli, kuni õli emulgeerub. Lisa oliivid ja tomatid. Tee õigesti. Lisa kurgid

Nõruta soolaga maitsestatud vees leotatud sibulad ja lisa salatisegule. Viimistle salat värske pune ja fetaga. Määri oliiviõliga ja maitsesta pipraga.

Toitumine (100 g kohta): 292 kalorit 17 g rasva 12 g süsivesikuid 6 g valku 743 mg naatriumi

Rukola salat viigimarjade ja kreeka pähklitega

Valmistamisaeg: 15 minutit

Söögitegemise aeg: 10 minutit

Portsjonid: 2

Raskusaste: lihtne

Koostis:

- 150 g rukolat
- 1 porgand, kraabitud
- 1/8 tl Cayenne'i pipart
- 3 untsi kitsejuustu, purustatud
- 1 purk soolamata kikerherneid, nõrutatud
- ½ tassi kuivatatud viigimarju, lõigatud viiludeks
- 1 tl mett
- 3 supilusikatäit oliiviõli
- 2 tl palsamiäädikat
- ½ kreeka pähklit poolitatud
- soola, piisavalt

Näidustused:

Kuumuta ahi 175 kraadini. Sega ahjuvormis kreeka pähklid, 1 spl oliiviõli, Cayenne'i pipar ja 1/8 tl soola. Pane pann ahju ja küpseta, kuni kreeka pähklid on kuldpruunid. Kui olete lõpetanud, pange see kõrvale.

Sega kausis mesi, palsamiäädikas, 2 spl õli ja ¾ tl soola.

Segage suures kausis rukola, porgand ja viigimarjad. Lisa kreeka pähklid ja kitsejuust ning maitsesta balsamico mee vinegretiga. Veenduge, et katate kõik.

Toitumine (100 g kohta): 403 kalorit 9 g rasva 35 g süsivesikuid 13 g valku 844 mg naatriumi

Lillkapsasalat tahini vinegretiga

Valmistamisaeg: 15 minutit

Söögitegemise aeg: Viis minutit

Portsjonid: 2

Raskusaste: keskmine

Koostis:

- 1 kilo lillkapsast
- ¼ tassi kuivatatud kirsse
- 3 supilusikatäit sidrunimahla
- 1 spl värsket piparmünti, peeneks hakitud
- 1 tl oliiviõli
- ½ tassi hakitud peterselli
- 3 spl soolatud röstitud pistaatsiapähkleid, tükeldatud
- ½ tl soola
- ¼ tassi šalottsibulat, hakitud
- 2 supilusikatäit tahini

Näidustused:

Riivi lillkapsas mikrolaineahjukindlasse kaussi, lisa oliiviõli ja ¼ soola. Kindlasti kata ja maitsesta lillkapsas korralikult. Mähi kauss toidukilesse ja kuumuta mikrolaineahjus umbes 3 minutit.

Aseta riis koos lillkapsaga ahjuplaadile ja lase umbes 10 minutit jahtuda. Lisa sidrunimahl ja šalottsibul. Lase veidi puhata, et lillkapsas maitse endasse saaks.

Lisa tahini, kirsi, peterselli, piparmündi ja soola segu. Sega kõik hästi läbi. Enne serveerimist puista üle röstitud pistaatsiapähklitega.

Toitumine (100 g kohta): 165 kalorit 10 g rasva 20 g süsivesikuid 6 g valku 651 mg naatriumi

Vahemere kartulisalat

Valmistamisaeg: 15 minutit

Söögitegemise aeg: 10 minutit

Portsjonid: 2

Raskusaste: lihtne

Koostis:

- 1 hunnik basiilikulehti, peeneks hakitud
- 1 küüslauguküüs, purustatud
- 1 supilusikatäis oliiviõli
- 1 sibul, hakitud
- 1 tl oreganot
- 100 g röstitud punast pipart. viilud
- 300 g kartulit, poolitatud
- 1 purk kirsstomateid
- Sool ja pipar maitse järgi

Näidustused:

Prae pannil sibulad. Lisa pune ja küüslauk. Keeda kõike minut aega. Lisa paprika ja tomatid. Maitsesta hästi ja hauta umbes 10 minutit. Pange see kõrvale.

Keeda kartulid pannil rohkes soolaga maitsestatud vees. Küpseta pehmeks, umbes 15 minutit. Nõruta hästi. Sega kartulid kastmega ning lisa basiilik ja oliivid. Lõpuks visake kõik enne serveerimist ära.

Toitumine (100 g kohta): 111 kalorit 9 g rasva 16 g süsivesikuid 3 g valku 745 mg naatriumi

Kinoa ja pistaatsia salat

Valmistamisaeg: 10 minutit

Söögitegemise aeg: 15 minutit

Portsjonid: 2

Raskusaste: lihtne

Koostis:

- ¼ teelusikatäit köömneid
- ½ tassi kuivatatud sõstraid
- 1 tl riivitud sidrunikoort
- 2 supilusikatäit sidrunimahla
- ½ tassi rohelist sibulat, peeneks hakitud
- 1 spl hakitud piparmünt
- 2 supilusikatäit ekstra neitsioliiviõli
- ¼ tassi hakitud peterselli
- ¼ tl jahvatatud pipart
- 1/3 tassi hakitud pistaatsiapähklid
- 1 ¼ tassi toores kinoad
- 1 2/3 tassi vett

Näidustused:

Segage kastrulis 1 2/3 tassi vett, rosinaid ja kinoa. Keeda kõike keemiseni, seejärel vähenda kuumust. Keeda kõike umbes 10 minutit ja lase kinoal vahustada. Pange see umbes 5 minutiks kõrvale. Tõsta kinoa segu anumasse. Lisa kreeka pähklid, piparmünt, sibul ja petersell. Sega kõik läbi. Sega eraldi kausis sidrunikoor, sidrunimahl, sõstrad, köömned ja õli. Lööge neid kokku. Sega kuivained ja märjad koostisained.

Toitumine (100 g kohta): 248 kalorit 8 g rasva 35 g süsivesikuid 7 g valku 914 mg naatriumi

Kurgi-kanasalat vürtsika maapähklikastmega

Valmistamisaeg: 15 minutit

Söögitegemise aeg: 0 minutit

Portsjonid: 2

Raskusaste: keskmine

Koostis:

- 1/2 tassi maapähklivõid
- 1 supilusikatäis sambal oeleki (tšillipasta)
- 1 spl madala naatriumisisaldusega sojakastet
- 1 tl grillitud seesamiõli
- 4 supilusikatäit vett või rohkem kui vaja
- 1 kurk, kooritud ja õhukesteks ribadeks lõigatud
- 1 keedetud kanarind, hakitud õhukesteks ribadeks
- 2 spl hakitud maapähkleid

Näidustused:

Sega kausis maapähklivõi, sojakaste, seesamiõli, sambal oelek ja vesi. Aseta kurgiviilud taldrikule. Kaunista tükeldatud kanalihaga ja puista üle kastmega. Puista peale hakitud maapähkleid.

Toitumine (100 g kohta): 720 kalorit 54 g rasva 8,9 g süsivesikuid 45,9 g valku 733 mg naatriumi

Taimne paella

Valmistamisaeg: 25 minutit

Söögitegemise aeg: 45 minutit

Portsjonid: 6

Raskusaste: keskmine

Koostis:

- ¼ tassi oliiviõli
- 1 suur magus sibul
- 1 suur punane paprika
- 1 suur roheline paprika
- 3 küüslauguküünt, peeneks hakitud
- 1 tl suitsupaprikat
- 5 kiudu safranit
- 1 suvikõrvits, lõigatud tolli kuubikuteks
- 4 suurt küpset tomatit, kooritud, seemnetest puhastatud ja tükeldatud
- 1 1/2 tassi lühikeseteralist Hispaania riisi
- 3 tassi köögiviljapuljongit, kuumutatud

Näidustused:

Kuumuta ahi temperatuurini 350 ° F. Keeda oliiviõli keskmisel kuumusel. Lisa sibul, punane ja roheline paprika ning küpseta 10 minutit.

Lisa küüslauk, paprika, safranniidid, suvikõrvits ja tomatid. Alanda kuumust keskmiselt madalale ja küpseta 10 minutit.

Lisa riis ja köögiviljapuljong. Tõsta kuumust, et paella keeks. Keera kuumus keskmisele ja küpseta 15 minutit. Mähi pann alumiiniumfooliumisse ja pane ahju.

Küpseta 10 minutit või kuni puljong on imendunud.

Toitumine (100 g kohta): 288 kalorit 10 g rasva 46 g süsivesikuid 3 g valku 671 mg naatriumi

Baklažaani ja riisi pajaroog

Valmistamisaeg: 30 minutit

Söögitegemise aeg: 35 minutit

Portsjonid: 4

Raskusaste: raske

Koostis:

- <u>Kastme jaoks</u>
- ½ tassi oliiviõli
- 1 väike sibul, hakitud
- 4 küüslauguküünt, purustatud
- 6 küpset tomatit, kooritud ja tükeldatud
- 2 spl tomatipastat
- 1 tl kuivatatud pune
- ¼ tl jahvatatud muskaatpähklit
- ¼ tl jahvatatud köömneid
- <u>Kastruli jaoks</u>
- 4 6-tollist Jaapani baklažaani, pikuti poolitatud
- 2 supilusikatäit oliiviõli
- 1 tass keedetud riisi
- 2 spl piiniaseemneid, röstitud
- 1 tass vett

Näidustused:

Kastme valmistamiseks

Kuumuta oliiviõli paksu põhjaga pannil keskmisel kuumusel. Pange sibul ja küpseta 5 minutit. Lisa küüslauk, tomatid, tomatipasta, pune, muskaatpähkel ja köömned. Kuumuta keemiseni, alanda kuumust ja hauta 10 minutit. Eemaldage ja asetage kõrvale.

Pajaroa valmistamiseks

Kuumuta grill. Kuni kaste keeb, maitsesta baklažaanid oliiviõliga ja aseta ahjuplaadile. Küpseta umbes 5 minutit kuni kuldpruunini. Eemaldage ja laske jahtuda. Kuumuta ahi temperatuurini 375 ° F. Asetage jahutatud baklažaanid, lõikepool üleval, 9x13-tollisse ahjuvormi. Kühveldage õrnalt osa lihast, et teha ruumi täidise jaoks.

Sega kausis pool tomatikastmest, keedetud riis ja piiniaseemned. Täida iga baklažaanipool riisiseguga. Samas kausis sega ülejäänud tomatikaste ja vesi. Vala baklažaanidele. Küpseta kaanega 20 minutit, kuni baklažaanid on pehmed.

Toitumine (100 g kohta): 453 kalorit 39 g rasva 29 g süsivesikuid 7 g valku 820 mg naatriumi

kuskuss köögiviljadega

Valmistamisaeg: 15 minutit

Söögitegemise aeg: 45 minutit

Portsjonid: 8

Raskusaste: raske

Koostis:

- ¼ tassi oliiviõli
- 1 sibul, hakitud
- 4 küüslauguküünt, peeneks hakitud
- 2 jalapeño paprikat, mitmest kohast kahvliga läbi torgatud
- ½ tl jahvatatud köömneid
- ½ tl jahvatatud koriandrit
- 1 (28 untsi) purk purustatud tomateid
- 2 spl tomatipastat
- 1/8 tl soola
- 2 loorberilehte
- 11 tassi vett, jagatud
- 4 porgandit
- 2 suvikõrvitsat, lõigatud 2-tollisteks tükkideks
- 1 tammetõru squash, poolitatud, seemnetest eemaldatud ja 1-tollisteks viiludeks lõigatud
- 1 (15 untsi) purk kikerherneid, nõrutatud ja loputatud
- 1/4 tassi hakitud konserveeritud sidruneid (valikuline)

- 3 tassi kuskussi

Näidustused:

Keeda oliiviõli paksu põhjaga pannil. Pange sibul ja küpseta 4 minutit. Sega juurde küüslauk, jalapeños, köömned ja koriander. Keeda 1 minut. Lisa tomatid, tomatipasta, sool, loorberilehed ja 8 tassi vett. Kuumuta segu keemiseni.

Lisa porgand, suvikõrvits ja tammetõru ning kuumuta uuesti keemiseni. Alanda veidi kuumust, kata kaanega ja küpseta umbes 20 minutit, kuni köögiviljad on pehmed, kuid mitte läbimärjad. Võtke 2 tassi keeduvedelikku ja asetage need kõrvale. Maitsesta vastavalt vajadusele.

Lisa suhkrustatud kikerherned ja sidrunid (kui kasutad). Keeda paar minutit ja keera kuumus maha.

Kuumuta keskmisel pannil ülejäänud 3 tassi vett kõrgel kuumusel keema. Lisa kuskuss, kata ja keera kuumus maha. Lase kuskussil 10 minutit puhata. Maitsesta 1 tassi reserveeritud keeduvedelikuga. Paisutage kuskuss kahvliga läbi.

Asetage see suurele serveerimisvaagnale. Niisutage seda ülejäänud keeduvedelikuga. Eemaldage köögiviljad pannilt ja asetage need peale. Serveeri ülejäänud hautis eraldi kausis.

Toitumine (100 g kohta): 415 kalorit 7 g rasva 75 g süsivesikuid 9 g valku 718 mg naatriumi

Kushari

Valmistamisaeg: 25 minutit

Söögitegemise aeg: 1 tund ja 20 minutit

Portsjonid: 8

Raskusaste: raske

Koostis:

- Kastme jaoks
- 2 supilusikatäit oliiviõli
- 2 küüslauguküünt, hakitud
- 1 (16 untsi) purk tomatikastet
- ¼ tassi valget äädikat
- ¼ tassi Harissat või poest ostetud
- 1/8 tl soola
- Riisi jaoks
- 1 tass oliiviõli
- 2 sibulat, õhukeselt viilutatud
- 2 tassi kuivatatud pruune läätsi
- 4 liitrit pluss ½ tassi vett, jagatud
- 2 tassi lühikese tera riisi
- 1 tl soola
- 1 nael lühikese küünarnuki pasta
- 1 (15 untsi) purk kikerherneid, nõrutatud ja loputatud

Näidustused:

Kastme valmistamiseks

Keeda oliiviõli pannil. Puuvilja küüslauk. Lisa tomatikaste, äädikas, harissa ja sool. Aja kaste keema. Alanda kuumust ja küpseta 20 minutit või kuni kaste on paksenenud. Eemaldage ja asetage kõrvale.

Riisi valmistamine

Valmistage plaat ette imava paberiga ja asetage kõrvale. Kuumuta oliiviõli suurel pannil keskmisel kuumusel. Prae sibulat sageli segades krõbedaks ja kuldpruuniks. Tõsta sibulad ettevalmistatud tassi ja tõsta kõrvale. Varu 2 spl toiduõli. Reserveerige pann.

Kõrgel kuumusel segage läätsed ja 4 tassi vett kastrulis. Kuumuta keemiseni ja keeda 20 minutit. Filtreerige ja maitsestage 2 reserveeritud supilusikatäie toiduõliga. Kõrvale panema. Broneeri roog.

Asetage pann, mida kasutasite sibulate praadimiseks keskmisel kuumusel ja lisage riis, 4 1/2 tassi vett ja sool. Kuumuta keemiseni. Alanda kuumust ja küpseta 20 minutit. Lülitage välja ja laske 10 minutit seista. Aja ülejäänud 8 tassi soolaga maitsestatud vett kõrgel kuumusel keema samas potis, mida kasutati läätsede keetmiseks. Lisa pasta ja küpseta 6 minutit või vastavalt pakendi juhistele. Nõruta ja tõsta kõrvale.

Koguge

Tõsta riis lusikaga serveerimisnõusse. Kaunista läätsede, kikerherneste ja pastaga. Nirista üle kuuma tomatikastmega ja puista peale krõbedaks praetud sibul.

Toitumine (100 g kohta): 668 kalorit 13 g rasva 113 g süsivesikuid 18 g valku 481 mg naatriumi

Bulgur tomatite ja kikerhernestega

Valmistamisaeg: 10 minutit

Söögitegemise aeg: 35 minutit

Portsjonid: 6

Raskusaste: keskmine

Koostis:

- ½ tassi oliiviõli
- 1 sibul, hakitud
- 6 tomatit, tükeldatud või 1 (16 untsi) purk kuubikuteks lõigatud tomatit
- 2 spl tomatipastat
- 2 tassi vett
- 1 spl Harissa või poest ostetud
- 1/8 tl soola
- 2 tassi jämedat bulgurit
- 1 (15 untsi) purk kikerherneid, nõrutatud ja loputatud

Näidustused:

Kuumuta oliiviõli paksu põhjaga pannil keskmisel kuumusel. Prae sibul, lisa tomatid koos mahlaga ja küpseta 5 minutit.

Lisa tomatipasta, vesi, harissa ja sool. Kuumuta keemiseni.

Lisa bulgur ja kikerherned. Kuumuta segu uuesti keemiseni. Alanda kuumust ja küpseta 15 minutit. Lase enne serveerimist 15 minutit puhata.

Toitumine (100 g kohta): 413 kalorit 19 g rasva 55 g süsivesikuid 14 g valku 728 mg naatriumi

Makrellist pärit makaronid

Valmistamisaeg: 10 minutit

Söögitegemise aeg: 15 minutit

Portsjonid: 4

Raskusaste: lihtne

Koostis:

- 12 untsi makaronid
- 1 küüslauguküünt
- 14 untsi tomatikastet
- 1 oksake hakitud peterselli
- 2 värsket paprikat
- 1 tl soola
- 200 g makrelli õlis
- 3 supilusikatäit ekstra neitsioliiviõli

Näidustused:

Alustuseks lase vesi kastrulis keema. Kuni vesi soojeneb, võtke pann, valage sisse tilk õli ja veidi küüslauku ning küpseta madalal kuumusel. Kui küüslauk on keedetud, eemaldage see pannilt.

Tükelda tšillipipar, eemalda seest seemned ja lõika õhukesteks ribadeks.

Lisa keeduvesi ja punane pipar samale pannile nagu enne. Seejärel võtke makrell ja pärast õli kurnamist ja kahvliga eraldamist lisage see koos teiste koostisosadega pannile. Küpseta helepruuniks, lisades veidi keeduvett.

Kui kõik koostisosad on hästi segunenud, lisa pannile tomatipasta. Sega hästi, et kõik koostisosad ühtlustaksid, ja hauta umbes 3 minutit.

Liigume edasi pasta juurde:

Kui vesi hakkab keema, lisa sool ja pasta. Nõruta makaronid, kui need on veidi al dente, ja lisa need enda valmistatud kastmele.

Pruunista kastmes mõni hetk ning maitsesta soola ja pipraga.

Toitumine (100 g kohta): 510 kalorit 15,4 g rasva 70 g süsivesikuid 22,9 g valku 730 mg naatriumi

Makaronid kirsstomatite ja anšoovistega

Valmistamisaeg: 10 minutit

Söögitegemise aeg: 15 minutit

Portsjonid: 4

Raskusaste: lihtne

Koostis:

- 14 untsi makaronipastat
- 6 soolatud anšoovist
- 4 untsi kirsstomateid
- 1 küüslauguküünt
- 3 supilusikatäit ekstra neitsioliiviõli
- Värske paprika maitse järgi
- 3 basiiliku lehte
- Soola maitse järgi

Näidustused:

Alustage vee soojendamisest pannil ja lisage sool, kui see keeb. Vahepeal valmista kaste: võta pärast pesemist tomatid ja lõika 4 tükiks.

Nüüd võta mittenakkuva pann, nirista peale tilk õli ja viska sisse küüslauguküüs. Kui see on keedetud, eemaldage see pannilt. Lisa pannile puhastatud anšoovised ja lahusta need õlis.

Kui anšoovised on hästi sulanud, lisa tükeldatud tomatid ja keera kuumus kõrgeks, kuni need pehmenema hakkavad (olge ettevaatlik, et liiga pehmeks ei läheks).

Lisa viilutatud seemneteta paprika ja maitsesta.

Pane pasta keeva veega pannile, nõruta kuni al dente ja prae pannil korraks läbi.

Toitumine (100 g kohta): 476 kalorit 11 g rasva 81,4 g süsivesikuid 12,9 g valku 763 mg naatriumi

Risotto sidruni ja krevettidega

Valmistamisaeg: 10 minutit

Söögitegemise aeg: 30 minutit

Portsjonid: 4

Raskusaste: lihtne

Koostis:

- 1 sidrun
- 14 untsi kooritud krevette
- 1 ¾ tassi risoto riisi
- 1 valge sibul
- 33 fl. 1 liitrit köögiviljapuljongit (soovitav on ka vähem)
- 2 ja pool supilusikatäit võid
- ½ klaasi valget veini
- Soola maitse järgi
- Must pipar maitse järgi
- Murulauk maitse järgi

Näidustused:

Alusta krevettide keetmisest soolaga maitsestatud vees 3-4 minutit, nõruta ja tõsta kõrvale.

Koori ja tükelda sibul, prae koos sulavõiga läbi ja kui või on kuivanud, rösti pannil riisi paar minutit.

Deglaseerige riis poole klaasi valge veiniga ja lisage seejärel 1 sidruni mahl. Segage ja keetke riis, lisades vajadusel lusikatäis köögiviljapuljongit.

Sega korralikult läbi ning lisa mõni minut enne keetmise lõppu eelnevalt keedetud krevetid (jäta osa kaunistuseks kõrvale) ja veidi musta pipart.

Kui tuli on kustunud, lisa näputäis võid ja sega. Risotto on serveerimiseks valmis. Kaunista ülejäänud krevettidega ja puista peale murulauku.

Toitumine (100 g kohta): 510 kalorit 10 g rasva 82,4 g süsivesikuid 20,6 g valku 875 mg naatriumi

Spagetid karpidega

Valmistamisaeg: 10 minutit

Söögitegemise aeg: 40 minutit

Portsjonid: 4

Raskusaste: lihtne

Koostis:

- 11,5 untsi spagette
- 2 naela rannakarpe
- 7 untsi tomatikastet või tükeldatud tomateid selle roa punase versiooni jaoks
- 2 küüslauguküünt
- 4 supilusikatäit ekstra neitsioliiviõli
- 1 klaas kuiva valget veini
- 1 supilusikatäis peeneks hakitud peterselli
- 1 tšillipipar

Näidustused:

Alustage karpide pesemisega: ärge kunagi "puhastage" karpe - neid tuleks avada ainult kuumuse abil, vastasel juhul läheb koos liivaga kaotsi ka nende väärtuslik sisemine vedelik. Peske karbid salatikausis kurniga kiiresti läbi: see filtreerib liiva kestadel.

Seejärel aseta nõrutatud rannakarbid kohe kõrgele kuumusele kaanega kaetud pannile. Pöörake neid aeg-ajalt ja kui need on peaaegu kõik lahti, eemaldage need tulelt. Suletuks jäänud karbid on surnud ja need tuleb kõrvaldada. Eemaldage karbid lahtistest karpidest ja jätke roogade kaunistamiseks mõned terved. Kurna ülejäänud vedelik panni põhja ja tõsta kõrvale.

Võtke suur pann ja valage sinna tilk õli. Kuumuta tervet paprikat ja ühte või kahte purustatud küüslauguküünt väga madalal kuumusel, kuni küüned muutuvad kollakaks. Lisa rannakarbid ja maitsesta kuiva valge veiniga.

Nüüd lisa eelnevalt filtreeritud rannakarbi vedelik ja veidi hakitud peterselli.

Filtreerige ja hautage spagetid pärast rohkes soolaga maitsestatud vees keetmist kohe pannil al dente. Sega hästi, kuni spagetid on kogu karpide niiskuse endasse imanud. Kui sa tšillit ei kasutanud, puista viimistluseks kergelt valget või musta pipart.

Toitumine (100 g kohta): 167 kalorit 8 g rasva 8,63 g süsivesikuid 5 g valku 720 mg naatriumi

Kreeka kalasupp

Valmistamisaeg: 10 minutit

Söögitegemise aeg: 60 minutit

Portsjonid: 4

Raskusaste: lihtne

Koostis:

- Merluus või muu valge kala
- 4 kartulit
- 4 kevadsibulat
- 2 porgandit
- 2 sellerivart
- 2 tomatit
- 4 supilusikatäit ekstra neitsioliiviõli
- 2 muna
- 1 sidrun
- 1 tass riisi
- Soola maitse järgi

Näidustused:

Valige kuni 2,2 kilogrammi kala, eemaldage soomused, lõpused ja sisikond ning peske korralikult. Soola ja pane kõrvale.

Pese kartulid, porgandid ja sibulad ning lisa pannile nii palju vett, et see pannil pehmeneks ja lase keema.

Lisa seller, mis on veel kimpudeks seotud, et see keetmisel laiali ei läheks, seejärel lõika tomatid neljaks osaks ja lisa ka need koos õli ja soolaga.

Kui köögiviljad on peaaegu küpsed, lisa veel vett ja kala. Keeda 20 minutit, seejärel eemalda koos köögiviljadega puljongist.

Laota kala serveerimisvaagnale ja kaunista köögiviljadega ning kurna puljong. Pange puljong uuesti tulele ja lahjendage seda vähese veega. Kui see keeb, lisa riis ja maitsesta soolaga. Kui riis on keedetud, eemaldage pann tulelt.

Valmista avgolemono kaste:

Klopi munad korralikult lahti ja lisa aeglaselt sidrunimahl. Pane vahukulbi veidi puljongit ja vala see pidevalt segades aeglaselt munade hulka.

Viimasena lisa saadud kaste supile ja sega korralikult läbi.

Toitumine (100 g kohta): 263 kalorit 17,1 g rasva 18,6 g süsivesikuid 9 g valku 823 mg naatriumi

Venere riis krevettidega

Valmistamisaeg: 10 minutit

Söögitegemise aeg: 55 minutit

Portsjonid: 3

Raskusaste: lihtne

Koostis:

- 1 ½ tassi musta Venere riisi (eelistatavalt röstitud)
- 5 tl ekstra neitsioliiviõli
- 10,5 untsi krevette
- 10,5 untsi suvikõrvitsat
- 1 sidrun (mahl ja koor)
- Lauasool maitse järgi
- Must pipar maitse järgi
- 1 küüslauguküünt
- Tabasco maitse järgi

Näidustused:

Alustame riisiga:

Pärast poti rohke veega täitmist ja keema laskmist lisa riis, maitsesta soolaga ja keeda vajalik aeg (vaata pakendilt valmimisjuhendit).

Vahepeal riivi suvikõrvits suure auguga riiviga. Kuumuta pannil oliiviõli koos kooritud küüslauguküünega, lisa riivitud suvikõrvits, sool ja pipar ning kuumuta 5 minutit, eemalda küüslauguküüs ja tõsta köögiviljad kõrvale.

Nüüd puhastage krevetid:

Eemaldage kestad, lõigake sabad, jagage need pikuti pooleks ja eemaldage neilt sisikond (selja tume niit). Pane puhastatud krevetid kaussi ja nirista peale oliiviõli; andke sellele veidi rohkem maitset, lisades sidrunikoort, soola ja pipart ning võib-olla mõne tilga Tabascot.

Kuumuta krevette kuumal pannil mõni minut. Kui see on keedetud, asetage see kõrvale.

Kui Venere riis on valmis, kurna see kaussi, lisa suvikõrvitsasegu ja sega.

Toitumine (100 g kohta): 293 kalorit 5 g rasva 52 g süsivesikuid 10 g valku 655 mg naatriumi

Pennette lõhe ja viin

Valmistamisaeg: 10 minutit

Söögitegemise aeg: 18 minutit

Portsjonid: 4

Raskusaste: lihtne

Koostis:

- Penne Rigate 14 untsi
- 7 untsi suitsulõhet
- 1,2 untsi šalottsibulat
- 40 ml (1,35 untsi) viin
- 150 g kirsstomateid
- 200 g värsket vedelat koort (kergema roa jaoks soovitan taimset)
- Murulauk maitse järgi
- 3 supilusikatäit ekstra neitsioliiviõli
- Soola maitse järgi
- Must pipar maitse järgi
- Basiilik maitse järgi (kaunistuseks)

Näidustused:

Pese ja tükelda tomatid ja murulauk. Pärast šalottsibula koorimist haki see noaga peeneks, aseta pannile ja marineeri korraks ekstra neitsioliiviõlis.

Vahepeal lõika lõhe ribadeks ning sega õli ja šalottsibulaga.

Sega kõik viinaga, olge ettevaatlik, kuna võib tekkida leek (kui leek süttib, ärge muretsege, see kustub, kui alkohol on täielikult aurustunud). Lisage tomati viljaliha ja lisage näputäis soola ja võib-olla veidi pipart. Viimasena lisa koor ja hakitud murulauk.

Kuni kaste küpseb, valmista pasta. Kui vesi keeb, valage sisse Pennette ja küpseta al dente.

Filtreerige pasta ja lisage pennette kastmele, lase veidi küpseda, et see kogu maitse endasse tõmbaks. Soovi korral kaunista basiilikulehega.

Toitumine (100 g kohta): 620 kalorit 21,9 g rasva 81,7 g süsivesikuid 24 g valku 326 mg naatriumi

Carbonara mereandidega

Valmistamisaeg: 15 minutit

Söögitegemise aeg: 50 minutit

Portsjonid: 3

Raskusaste: lihtne

Koostis:

- 11,5 untsi spagette
- 3,5 untsi tuunikala
- 3,5 untsi mõõkkala
- 3,5 untsi lõhet
- 6 munakollast
- 4 supilusikatäit parmesani juustu (parmesani juust)
- 2 untsi (60 ml) valget veini
- 1 küüslauguküünt
- Ekstra neitsioliiviõli maitse järgi
- Lauasool maitse järgi
- Must pipar maitse järgi

Näidustused:

Valmista kastrulis keev vesi ja lisa veidi soola.

Vahepeal vala kaussi 6 munakollast ja lisa riivitud parmesani juust, sool ja pipar. Klopi vispliga läbi ja lahjenda pannil oleva vähese keeduveega.

Eemalda lõhelt luud, mõõkkalal soomused ning lõika tuunikala, lõhe ja mõõkkala kuubikuteks.

Kui pasta keeb, maitsesta ja keeda kergelt al dente.

Samal ajal kuumuta suurel pannil tilk õli, lisa terve kooritud küüslauguküüs. Kui õli on kuum, lisa kalakuubikud ja pruunista kõrgel kuumusel umbes 1 minut. Eemalda küüslauk ja lisa valge vein.

Kui alkohol on aurustunud, eemalda kalakuubikud ja alanda kuumust. Kui spagetid on valmis, lisa need pannile ja pruunista umbes minut, pidevalt segades ja vajadusel lisa keeduvett.

Vala hulka munakollasesegu ja kalakuubikud. Sega hästi. Serveerima.

Toitumine (100 g kohta): 375 kalorit 17 g rasva 41,40 g süsivesikuid 14 g valku 755 mg naatriumi

Garganelli suvikõrvitsa ja krevettide pestoga

Valmistamisaeg: 10 minutit

Söögitegemise aeg: 30 minutit

Portsjonid: 4

Raskusaste: keskmine

Koostis:

- 300 g Garganelli munaga
- Suvikõrvitsa pesto jaoks:
- 7 untsi suvikõrvitsat
- 1 tass piiniaseemneid
- 8 supilusikatäit (0,35 untsi) basiilikut
- 1 tl lauasoola
- 9 supilusikatäit ekstra neitsioliiviõli
- 2 spl Parmesani juustu riivimiseks
- 1 unts pecorino juustu riivimiseks
- Praetud krevettide jaoks:
- 8,8 untsi krevette
- 1 küüslauguküünt
- 7 tl ekstra neitsioliiviõli
- Näputäis soola

Näidustused:

Alustage pesto valmistamisega:

Pärast pesemist riivi kabatšokid, pane kurni (et kaotaks osa liigsest niiskusest) ja soola kergelt. Pane blenderisse piiniaseemned, suvikõrvits ja basiilikulehed. Lisa riivitud parmesani juust, pecorino ja ekstra neitsioliiviõli.

Sega kõik kreemjaks, lisa näpuotsaga soola ja tõsta kõrvale.

Lülitu krevettidele:

Kõigepealt eemaldage sisikond, lõigates noaga krevettide tagaosa kogu pikkuses ja eemaldage noaotsaga must niit.

Prae küüslauguküünt mittenakkuval pannil ekstra neitsioliiviõliga. Kui see on kuldpruun, eemalda küüslauk ja lisa krevetid. Küpseta neid keskmisel kuumusel umbes 5 minutit, kuni näete väljast krõbedat koorikut.

Järgmisena lase keema pannil soolaga maitsestatud vesi ja küpseta garganellid. Tõsta paar supilusikatäit keeduvett kõrvale ja nõruta pasta kuni al dente.

Lisage Garganelli pannile, kus krevette küpsetasite. Keeda koos minut, lisa supilusikatäis keeduvett ja lõpuks lisa suvikõrvitsa pesto.

Sega kõik korralikult läbi, et pasta ja kastme seguneksid.

Toitumine (100 g kohta):776 kalorit 46 g rasva 68 g süsivesikuid 22,5 g valku 835 mg naatriumi

Lõhe riis

Valmistamisaeg: 10 minutit

Söögitegemise aeg: 30 minutit

Portsjonid: 4

Raskusaste: keskmine

Koostis:

- 1 tass (12,3 grammi) riisi
- 8,8 untsi lõhepihvid
- 1 porrulauk
- Ekstra neitsioliiviõli maitse järgi
- 1 küüslauguküünt
- ½ klaasi valget veini
- 3 ½ supilusikatäit riivitud Grana Padanot
- Soola maitse järgi
- Must pipar maitse järgi
- 500 ml (17 untsi) kalapuljong
- 1 tass võid

Näidustused:

Alustuseks puhastage lõhe ja lõigake see väikesteks tükkideks. Keeda 1 spl õli pannil koos terve küüslauguküünega ja pruunista lõhet 2/3 minutit, lisa soola ja tõsta lõhe kõrvale, eemalda küüslauk.

Nüüd alustage risoto valmistamist:

Lõika porru väga väikesteks tükkideks ja küpseta see kahe supilusikatäie õliga pannil. Sega juurde riis ja küpseta keskmisel kuumusel mõni sekund puulusikaga segades.

Lisage valge vein ja jätkake küpsetamist, aeg-ajalt segades, püüdes mitte lasta riisil pannile kinni jääda, ja lisage järk-järgult puljong (köögivilja või kala).

Poole valmistamise ajal lisa lõhe, või ja võib-olla ka näpuotsaga soola. Kui riis on hästi keedetud, eemaldage see tulelt. Kombineeri mõne supilusikatäie riivitud Grana Padanoga ja serveeri.

Toitumine (100 g kohta): 521 kalorit 13 g rasva 82 g süsivesikuid 19 g valku 839 mg naatriumi

Pasta kirsstomatite ja anšoovistega

Valmistamisaeg: 15 minutit

Söögitegemise aeg: 35 minutit

Portsjonid: 4

Raskusaste: lihtne

Koostis:

- 10,5 untsi spagette
- 1,3 naela kirsstomatid
- 9 untsi anšoovist (eelpuhastatud)
- 2 supilusikatäit kappareid
- 1 küüslauguküünt
- 1 väike punane sibul
- Petersell maitse järgi
- Ekstra neitsioliiviõli maitse järgi
- Lauasool maitse järgi
- Must pipar maitse järgi
- Mustad oliivid maitse järgi

Näidustused:

Lõika küüslauguküüs õhukesteks viiludeks.

Lõika kirsstomatid pooleks. Koorige sibul ja tükeldage see peeneks.

Pane pannile tilk õli koos küüslaugu ja viilutatud sibulaga.
Kuumuta kõike keskmisel kuumusel 5 minutit; sega aeg-ajalt.

Kui kõik on hästi maitsestanud, lisa kirsstomatid ning näpuotsaga soola ja pipart. Keeda 15 minutit. Vahepeal tõsta pann vett tulele ja niipea, kui see keeb, lisa sool ja pasta.

Kui kaste on peaaegu valmis, lisa anšoovised ja keeda paar minutit. Sega õrnalt.

Keera kuumus maha, haki petersell peeneks ja lisa pannile.

Nõruta pasta, kui see on keedetud ja lisa see otse kastmele.
Lülitage kuumus mõneks sekundiks uuesti sisse.

Toitumine (100 g kohta): 446 kalorit 10 g rasva 66,1 g süsivesikuid 22,8 g valku 934 mg naatriumi

Orecchiette brokkoli ja vorst

Valmistamisaeg: 10 minutit
Söögitegemise aeg: 32 minutit
Portsjonid: 4
Raskusaste: keskmine

Koostis:

- 11,5 untsi orecchiette
- 10,5 brokkoli
- 10,5 untsi vorsti
- 40 ml (1,35 untsi) valget veini
- 1 küüslauguküünt
- 2 oksa tüümiani
- 7 tl ekstra neitsioliiviõli
- Must pipar maitse järgi
- Lauasool maitse järgi

Näidustused:

Keeda pann täis vee ja soolaga. Eemaldage brokkoli õisikud varre küljest ja lõigake need pooleks või neljaks osaks, kui need on liiga suured; seejärel pane need keevasse vette, kata pann ja küpseta 6-7 minutit.

Vahepeal haki tüümian peeneks ja tõsta kõrvale. Eemaldage vorstilt ümbris ja purustage see õrnalt kahvliga.

Viljake küüslauguküünt tilga õliga ja lisage vorst. Mõne sekundi pärast lisage tüümian ja tilk valget veini.

Eemaldage keedetud spargelkapsas ilma keeduvett lusikaga välja viskamata ja lisage need vähehaaval lihale. Keeda kõike 3-4 minutit. Eemalda küüslauk ja lisa näpuotsatäis musta pipart.

Kuumuta vesi, milles brokoli keetsid, seejärel lisa pasta ja lase keeda. Kui pasta on keedetud, nõrutage see lusikaga ja valage see otse brokoli-vorstikastmesse. Seejärel sega korralikult läbi, lisa musta pipart ja prae kõike pannil paar minutit.

Toitumine (100 g kohta): 683 kalorit 36 g rasva 69,6 g süsivesikuid 20 g valku 733 mg naatriumi

Risotto radicchio ja suitsupeekoniga

Valmistamisaeg: 10 minutit

Söögitegemise aeg: 30 minutit

Portsjonid: 3

Raskusaste: keskmine

Koostis:

- 1 tass riisi
- 14 untsi Radicchio
- 5,3 untsi suitsupeekonit
- 1 l (34 untsi) köögiviljapuljong
- 100 ml (3,4 untsi) punast veini
- 7 tl ekstra neitsioliiviõli
- 1,7 untsi šalottsibulat
- Lauasool maitse järgi
- Must pipar maitse järgi
- 3 oksa tüümiani

Näidustused:

Alustame köögiviljapuljongi valmistamisega.

Alusta radicchioga: lõika see pooleks ja eemalda keskmine osa (valge osa). Lõika see ribadeks, loputa hästi ja tõsta kõrvale. Lõika ka suitsupeekon ribadeks.

Haki šalottsibul peeneks ja pane koos tilga õliga pannile. Kuumuta keskmisel kuumusel keema, lisa kulp puljongit, seejärel lisa pancetta ja pruunista.

Umbes 2 minuti pärast lisa regulaarselt segades riis ja röstsai. Nüüd vala punane vein kõrgele tulele.

Kui kogu alkohol on aurustunud, jätkake keetmist, lisades kulbiga puljongit. Laske eelmisel enne teise lisamist kuivada, kuni see on täielikult küpsenud. Lisa soola ja musta pipart (olenevalt sellest, kui palju otsustad lisada).

Küpsemisel lisa radicchio ribad. Sega neid hästi, kuni need on riisiga segunenud, kuid ära küpseta neid. Lisa hakitud tüümian.

Toitumine (100 g kohta): 482 kalorit 17,5 g rasva 68,1 g süsivesikuid 13 g valku 725 mg naatriumi

Pasta Alla Genovese

Valmistamisaeg: 10 minutit

Söögitegemise aeg: 25 minutit

Portsjonid: 3

Raskusaste: keskmine

Koostis:

- 11,5 untsi Zitic
- 1 nael veiseliha
- 2,2 naela kuldset sibulat
- 2 untsi sellerit
- 2 untsi porgandit
- 1 oksake peterselli
- 100 ml (3,4 untsi) valget veini
- Ekstra neitsioliiviõli maitse järgi
- Lauasool maitse järgi
- Must pipar maitse järgi
- Parmesan maitse järgi

Näidustused:

Pasta valmistamiseks alustage:

Koori ja tükelda sibul ja porgand peeneks. Seejärel pese ja haki seller peeneks (ära viska lehti ära, need tuleks samuti tükeldada ja kõrvale panna). Seejärel jätkake lihaga, eemaldage liigne rasv ja lõigake 5/6 suurteks tükkideks. Viimasena seo kööginööriga sellerilehed ja petersellioksad lõhnavaks kobaraks.

Täida suur pann õliga. Lisa sibul, seller ja porgand (varem kõrvale pandud) ning küpseta paar minutit.

Seejärel lisa lihatükid, näpuotsaga soola ja lõhnav kobar. Sega ja küpseta paar minutit. Seejärel vähenda kuumust ja kata kaanega.

Küpseta vähemalt 3 tundi (ärge lisage vett ega puljongit, sest sibulad eraldavad kogu vajaliku niiskuse, et panni põhi ära ei kuivaks). Kontrollige ja segage kõike aeg-ajalt.

Pärast 3 tundi keetmist eemalda hunnik aromaatseid ürte, tõsta veidi kuumust, lisa üks osa veinist ja sega.

Küpseta liha kaaneta umbes tund aega, sageli segades ja kui panni põhi on kuiv, lisa vein.

Nüüd võta tükk liha, lõika see lõikelaual viiludeks ja tõsta kõrvale. Haki ziti peeneks ja keeda soolaga maitsestatud keevas vees.

Kui see on keedetud, kurnata ja tagasi pannile. Piserdage paar supilusikatäit keeduvett ja segage. Laota taldrikule ja lisa veidi kastet ja murendatud liha (kõrvale sammus 7). Lisa maitse järgi pipart ja riivitud Parmesani juustu.

Toitumine (100 g kohta): 450 kalorit 8 g rasva 80 g süsivesikuid 14,5 g valku 816 mg naatriumi

Pasta Napoli lillkapsaga

Valmistamisaeg: 15 minutit

Söögitegemise aeg: 35 minutit

Portsjonid: 3

Raskusaste: keskmine

Koostis:

- Pasta 10,5 untsi
- 1 lillkapsas
- 3,4 fl 100 ml tomatikastet
- 1 küüslauguküünt
- 1 tšillipipar
- 3 supilusikatäit ekstra neitsioliivõli (või teelusikatäit)
- Soola maitse järgi
- Pipar vastavalt vajadusele

Näidustused:

Puhasta lillkapsas hästi: eemalda välimised lehed ja vars. Lõika see väikesteks lilledeks.

Koori küüslauguküüs, haki peeneks ja pruunista pannil õli ja tšilliga.

Lisa tomatipüree ja lillkapsa õisikud ning lase keskmisel kuumusel paar minutit pruunistuda, seejärel kata mõne kulbi veega ja küpseta 15-20 minutit või vähemalt seni, kuni lillkapsas hakkab kreemjaks muutuma.

Kui leiate, et panni põhi on liiga kuiv, lisa nii palju vett kui vaja, et segu jääks vedel.

Nüüd katke lillkapsas kuuma veega ja lisage pasta kohe, kui see keeb.

Maitsesta soola ja pipraga.

Toitumine (100 g kohta): 458 kalorit 18 g rasva 65 g süsivesikuid 9 g valku 746 mg naatriumi

Pasta ja oad, apelsin ja apteegitill

Valmistamisaeg: 10 minutit

Söögitegemise aeg: 30 minutit

Portsjonid: 5

Raskusaste: raskusaste

Koostis:

- Ekstra neitsioliiviõli - 1 spl. pluss lisatasu serveerimise eest
- Peekon - 2 untsi, tükeldatud
- Sibul - 1, peeneks hakitud
- Apteegitill – 1 sibul, varred ära visatud, sibul poolitatud, südamik puhastatud ja peeneks hakitud
- Seller - 1 vars, peeneks hakitud
- Küüslauk - 2 nelki, peeneks hakitud
- Anšoovisefileed - 3, loputatud ja peeneks hakitud
- Värske hakitud pune - 1 spl.
- Riivitud apelsinikoor - 2 tl.
- Apteegitilli seemned - ½ tl.
- Punase pipra helbed - ¼ tl.
- Tükeldatud tomatid - 1 purk (28 untsi)
- Parmesani juust - 1 riiv, lisaks veel serveerimiseks
- Cannellini oad - 1 purk (7 untsi), loputatud
- Kana puljong - 2 ½ tassi
- Vesi - 2 ½ tassi
- Sool ja pipar

- Oder - 1 tass
- Värske hakitud petersell - ¼ tassi

Näidustused:

Kuumutage õli Hollandi ahjus keskmisel kuumusel. Lisa peekon. Prae segades 3-5 minutit või kuni hakkab pruunistuma. Sega hulka seller, apteegitill ja sibul ning prae segades pehmeks (umbes 5-7 minutit).

Sega paprikahelbed, apteegitilli seemned, apelsinikoor, pune, anšoovised ja küüslauk. Keeda 1 minut. Sega tomatid ja nende mahl. Sega omavahel parmesani koor ja oad.

Hauta ja küpseta 10 minutit. Sega vesi, puljong ja 1 tl. soolane. Küpseta seda kõrgel kuumusel. Sega pasta ja keeda al dente.

Eemaldage tulelt ja visake parmesani koor ära.

Sega juurde petersell ning maitsesta soola ja pipraga. Nirista peale veidi oliiviõli ja puista peale riivitud parmesani. Serveerima.

Toitumine (100 g kohta): 502 kalorit 8,8 g rasva 72,2 g süsivesikuid 34,9 g valku 693 mg naatriumi

Sidruni spagetid

Valmistamisaeg: 10 minutit

Söögitegemise aeg: 15 minutit

Portsjonid: 6

Raskusaste: lihtne

Koostis:

- Ekstra neitsioliiviõli - ½ tassi
- Riivitud sidrunikoor - 2 tl.
- Sidrunimahl - 1/3 tassi
- Küüslauk - 1 nelk, pasteeti jaoks peeneks hakitud
- Sool ja pipar
- Parmesani juust - 2 untsi, riivitud
- Spagetid - 1 nael.
- Värske hakitud basiilik - 6 spl.

Näidustused:

Vispelda kausis kokku küüslauk, õli, sidrunikoor, mahl, ½ tl. soola ja ¼ tl. Pipar. Lisa parmesani juust ja sega kreemjaks.

Samal ajal keeda pasta vastavalt pakendi juhistele. Nõruta ja tõsta kõrvale tassitäis keeduvett. Lisa pastale õli ja basiiliku segu ning sega kõik kokku. Maitsesta korralikult ja vajadusel sega juurde keeduvesi. Serveerima.

Toitumine (100 g kohta): 398 kalorit 20,7 g rasva 42,5 g süsivesikuid 11,9 g valku 844 mg naatriumi

Maitsestatud taimne kuskuss

Valmistamisaeg: 10 minutit

Söögitegemise aeg: 20 minutit

Portsjonid: 6

Raskusaste: raske

Koostis:

- Lillkapsas - 1 tass, lõigatud 1-tollisteks lilledeks
- Ekstra neitsioliiviõli - 6 spl. pluss lisatasu serveerimise eest
- Sool ja pipar
- Kuskuss - 1 ½ tassi
- Suvikõrvits - 1, lõigatud tolli tükkideks
- Punane paprika - 1 varteta, seemneteta ja tollideks lõigatud
- Küüslauk - 4 nelki, peeneks hakitud
- Ras el hanout - 2 tl.
- Riivitud sidrunikoor - 1 tl. serveerimiseks lisaks sidruniviilud
- Kana puljong - 1 ¾ tassi
- Värskelt hakitud majoraan - 1 spl.

Näidustused:

Kuumuta pannil 2 spl. õli keskmisel kuumusel. Lisa lillkapsas, ¾ tl. soola ja ½ tl. Pipar. Segama. Küpseta, kuni õied muutuvad pruuniks ja servad on vaevu läbipaistvad.

Eemaldage kaas ja küpseta segades 10 minutit või kuni õisikud muutuvad kuldpruuniks. Tõsta kaussi ja puhasta pann. Kuumuta 2 spl. õli pannil.

Lisa kuskuss. Küpseta ja sega 3–5 minutit või kuni terad hakkavad pruunistuma. Tõsta kaussi ja puhasta pann. Kuumuta ülejäänud 3 spl. pannile õli ja lisa paprika, kabatšokk ja ½ tl. soolane. Keeda 8 minutit.

Sega sidrunikoor, ras el hanout ja küüslauk. Küpseta, kuni see lõhnab (umbes 30 sekundit). Lisa puljong ja lase podiseda. Lisa kuskuss. Eemaldage tulelt ja asetage kõrvale, kuni see on keedetud.

Lisa majoraan ja lillkapsas; seejärel paisutage õrnalt kahvliga, et lisada. Nirista üle lisaõliga ja maitsesta hästi. Serveeri sidruniviiludega.

Toitumine (100 g kohta): 787 kalorit 18,3 g rasva 129,6 g süsivesikuid 24,5 g valku 699 mg naatriumi

Vürtsiga praetud riis apteegitilliga

Valmistamisaeg: 10 minutit

Söögitegemise aeg: 45 minutit

Portsjonid: 8

Raskusaste: keskmine

Koostis:

- Bataat - 1,5 naela, kooritud ja lõigatud 1-tollisteks tükkideks
- Ekstra neitsioliiviõli - ¼ tassi
- Sool ja pipar
- Apteegitill - 1 sibul, peeneks hakitud
- Väike sibul - 1, peeneks hakitud
- Pikateraline valge riis - 1 ½ tassi, loputatud
- Küüslauk - 4 nelki, peeneks hakitud
- Ras el hanout - 2 tl.
- Kana puljong - 2 tassi
- Suured kivideta rohelised oliivid soolvees - ¾ tassi, poolitatud
- Hakitud värske koriander - 2 spl.
- laimi viilud

Näidustused:

Asetage ahjurest keskele ja soojendage ahi temperatuurini 400 F. Maitsesta kartulid ½ tl. soola ja 2 spl. õli.

Laota kartulid ühe kihina ääristatud küpsetusplaadile ja rösti 25-30 minutit või kuni need on pehmed. Sega kartulid poole küpsetusaja pealt sisse.

Eemaldage kartulid ja vähendage ahju temperatuuri 350 F-ni. Kuumuta Hollandi ahjus ülejäänud 2 spl. õli keskmisel kuumusel.

Lisa sibul ja apteegitill; seejärel küpseta 5-7 minutit või kuni pehme. Lisa ras el hanout, küüslauk ja riis. Prae segades 3 minutit.

Lisa oliivid ja puljong ning lase 10 minutit puhata. Lisa kartulid riisile ja sega kahvliga õrnalt läbi. Maitsesta soola ja pipraga.

Kaunista koriandriga ja serveeri laimiviiludega.

Toitumine (100 g kohta): 207 kalorit 8,9 g rasva 29,4 g süsivesikuid 3,9 g valku 711 mg naatriumi

Maroko kuskuss kikerhernestega

Valmistamisaeg: 5 minutit

Söögitegemise aeg: 18 minutit

Portsjonid: 6

Raskusaste: keskmine

Koostis:

- Ekstra neitsioliiviõli - ¼ tassi, lisa serveerimiseks
- Kuskuss - 1 ½ tassi
- Kooritud ja tükeldatud peened porgandid - 2
- Peeneks hakitud sibul - 1
- Sool ja pipar
- Küüslauk - 3 nelki, peeneks hakitud
- Jahvatatud koriander - 1 tl.
- Jahvatatud ingver - tl.
- Jahvatatud aniis - ¼ tl.
- Kana puljong - 1 ¾ tassi
- Kikerherned - 1 purk (15 untsi), loputatud
- Külmutatud herned - 1 ½ tassi
- Värske hakitud petersell või koriander - ½ tassi
- sidruni viilud

Näidustused:

Kuumuta 2 spl. õli pannil keskmisel kuumusel. Sega juurde kuskuss ja küpseta 3-5 minutit või kuni see hakkab pruunistuma. Tõsta kaussi ja puhasta pann.

Kuumuta ülejäänud 2 spl. õli pannile ning lisa sibul, porgand ja 1 tl. soolane. Küpseta 5-7 minutit. Sega aniis, ingver, koriander ja küüslauk. Küpseta, kuni see lõhnab (umbes 30 sekundit).

Lisa kikerherned ja puljong ning kuumuta keemiseni. Lisa kuskuss ja herned. Katke ja eemaldage kuumusest. Tõsta kõrvale, kuni kuskuss on pehme.

Lisa kuskussile petersell ja sega kahvliga läbi. Nirista üle lisaõliga ja maitsesta hästi. Serveeri sidruniviiludega.

Toitumine (100 g kohta): 649 kalorit 14,2 g rasva 102,8 g süsivesikuid 30,1 g valku 812 mg naatriumi

Taimetoitlane Paella roheliste ubade ja kikerhernestega

Valmistamisaeg: 10 minutit

Söögitegemise aeg: 35 minutit

Portsjonid: 4

Raskusaste: lihtne

Koostis:

- Näputäis safranit
- Köögiviljapuljong - 3 tassi
- Oliiviõli - 1 spl.
- Kollane sibul - 1 suur, tükeldatud
- Küüslauk - 4 nelki, viilutatud
- Punane pipar - 1, tükeldatud
- Purustatud tomatid - ¾ tassi, värsked või konserveeritud
- Tomatipasta - 2 spl.
- Vürtsikas paprika - 1 ½ tl.
- Sool - 1 tl.
- Värskelt jahvatatud must pipar - ½ tl.
- Rohelised oad - 1 1/2 tassi, kooritud ja poolitatud
- Kikerherned – 1 purk (15 untsi), nõrutatud ja loputatud
- Lühikeseteraline valge riis - 1 tass
- Sidrun - 1, lõigatud viiludeks

Näidustused:

Sega safrani niidid 3 spl. leige vesi väikeses kausis. Keeda kastrulis vesi keskmisel kuumusel. Alanda kuumust ja lase podiseda.

Keeda õli pannil keskmisel kuumusel. Sega juurde sibul ja prae segades 5 minutit. Lisa pipar ja küüslauk ning prae segades 7 minutit või kuni pipar on pehmenenud. Lisa vee ja safrani segu, sool, pipar, paprika, tomatipasta ja tomatid.

Lisa riis, kikerherned ja rohelised oad. Sega juurde kuum puljong ja aja keema. Alanda kuumust ja hauta kaaneta 20 minutit.

Serveeri kuumalt, kaunistatud sidruniviiludega.

Toitumine (100 g kohta): 709 kalorit 12 g rasva 121 g süsivesikuid 33 g valku 633 mg naatriumi

Küüslaugukrevetid tomati ja basiilikuga

Valmistamisaeg: 10 minutit

Söögitegemise aeg: 10 minutit

Portsjonid: 4

Raskusaste: lihtne

Koostis:

- Oliiviõli - 2 spl.
- Krevetid - 1¼ naela, kooritud ja puhastatud
- Küüslauk - 3 nelki, peeneks hakitud
- Purustatud punase pipra helbed - 1/8 tl.
- Kuiv valge vein - ¾ tassi
- Viinamarja tomatid - 1 ½ tassi
- Peeneks hakitud värske basiilik - ¼ tassi, lisaks veel kaunistuseks
- Sool - ¾ tl.
- Jahvatatud must pipar - ½ tl.

Näidustused:

Kuumuta õli pannil keskmisel kuumusel. Lisa krevetid ja küpseta 1 minut või kuni need on lihtsalt läbi küpsenud. Tõsta taldrikule.

Lisa pannil olevale õlile punase pipra helbed ja küüslauk ning küpseta segades 30 sekundit. Sega juurde vein ja keeda, kuni see väheneb umbes poole võrra.

Lisa tomatid ja prae segades, kuni tomatid hakkavad lagunema (umbes 3-4 minutit). Lisage reserveeritud krevetid, sool, pipar ja basiilik. Küpseta veel 1 kuni 2 minutit.

Serveeri ülejäänud basiilikuga kaunistatult.

Toitumine (100 g kohta): 282 kalorit 10 g rasva 7 g süsivesikuid 33 g valku 593 mg naatriumi

Krevettide paella

Valmistamisaeg: 10 minutit

Söögitegemise aeg: 25 minutit

Portsjonid: 4

Raskusaste: keskmine

Koostis:

- Oliiviõli - 2 spl.
- Keskmine sibul - 1, tükeldatud
- Punane pipar - 1, tükeldatud
- Küüslauk - 3 nelki, peeneks hakitud
- Näputäis safranit
- Vürtsikas paprika - ¼ tl.
- Sool - 1 tl.
- Värskelt jahvatatud must pipar - ½ tl.
- Kana puljong - 3 tassi, jagatud
- Lühikeseteraline valge riis - 1 tass
- Suured kooritud ja kooritud krevetid - 1 nael.
- Külmutatud herned - 1 tass, sulatatud

Näidustused:

Kuumuta pannil oliiviõli. Lisa sibul ja paprika ning prae segades 6 minutit või kuni need on pehmenenud. Lisa sool, pipar, paprika, safran ja küüslauk ning sega läbi. Lisa 2 ½ tassi puljongit ja riisi.

Kuumuta segu keemiseni ja keeda, kuni riis on pehme, umbes 12 minutit. Asetage krevetid ja herned riisi peale ning lisage ülejäänud ½ tassi puljongit.

Pane pannile kaas tagasi ja küpseta, kuni kõik krevetid on just läbi küpsenud (umbes 5 minutit). Serveerima.

Toitumine (100 g kohta): 409 kalorit 10 g rasva 51 g süsivesikuid 25 g valku 693 mg naatriumi

Läätsesalat oliivide, piparmündi ja fetaga

Valmistamisaeg: 60 minutit

Söögitegemise aeg: 60 minutit

Portsjonid: 6

Raskusaste: keskmine

Koostis:

- Sool ja pipar
- Prantsuse läätsed - 1 tass, koristatud ja loputatud
- Küüslauk - 5 küünt, kergelt purustatud ja kooritud
- loorberileht - 1
- Ekstra neitsioliiviõli - 5 spl.
- Valge veini äädikas - 3 spl.
- Kivideta Kalamata oliivid - ½ tassi, tükeldatud
- Värske hakitud piparmünt - ½ tassi
- Šalottsibul - 1 suur, tükeldatud
- Feta juust - 1 unts, purustatud

Näidustused:

Lisage 4 tassi kuuma vett ja 1 tl. soola kaussi. Lisa läätsed ja lase 1 tund toatemperatuuril tõmmata. Nõruta hästi.

Asetage grill keskele ja kuumutage ahi temperatuurini 325 F. Lisa läätsed, 4 tassi vett, küüslauk, loorberileht ja ½ tl. soola pannil. Kata pann kaanega ja aseta pann ahju ning küpseta 40-60 minutit või kuni läätsed on pehmed.

Nõruta läätsed hästi, eemalda küüslauk ja loorberileht. Kurna õli ja äädikas suures kausis kokku. Lisa šalottsibul, piparmünt, oliivid ja läätsed ning sega ühtlaseks.

Maitsesta soola ja pipraga. Tõsta lusikaga hästi serveerimisnõusse ja kaunista fetaga. Serveerima.

Toitumine (100 g kohta): 249 kalorit 14,3 g rasva 22,1 g süsivesikuid 9,5 g valku 885 mg naatriumi

Kikerherned küüslaugu ja peterselliga

Valmistamisaeg: 5 minutit

Söögitegemise aeg: 20 minutit

Portsjonid: 6

Raskusaste: keskmine

Koostis:

- Ekstra neitsioliiviõli - ¼ tassi
- Küüslauk - 4 nelki, õhukeselt viilutatud
- Punase pipra helbed - 1/8 tl.
- Sibul - 1, hakitud
- Sool ja pipar
- Kikerherned - 2 purki (15 untsi), loputatud
- Kana puljong - 1 tass
- hakitud värske petersell - 2 spl.
- Sidrunimahl - 2 tl.

Näidustused:

Lisa kastrulisse 3 spl. määri ja küpseta küüslaugu- ja piprahelbeid 3 minutit. Segage sibul ja ¼ tl. lisa sool ja küpseta 5-7 minutit.

Sega kikerherned ja puljong ning kuumuta keemiseni. Alanda kuumust ja hauta kaane all 7 minutit.

Avage ja keerake leek kõrgeks ning küpseta 3 minutit või kuni kogu vedelik on aurustunud. Tõsta kõrvale ja sega hulka sidrunimahl ja petersell.

Maitsesta soola ja pipraga. Maitsesta 1 spl. määri ja serveeri.

Toitumine (100 g kohta): 611 kalorit 17,6 g rasva 89,5 g süsivesikuid 28,7 g valku 789 mg naatriumi

Hautatud kikerherned baklažaani ja tomatiga

Valmistamisaeg: 10 minutit
Söögitegemise aeg: 60 minutit
Portsjonid: 6
Raskusaste: lihtne

Koostis:

- Ekstra neitsioliiviõli - ¼ tassi
- Sibul - 2, hakitud
- Roheline pipar - 1, peeneks hakitud
- Sool ja pipar
- Küüslauk - 3 nelki, peeneks hakitud
- Värske hakitud pune - 1 spl.
- Loorberilehed - 2
- Baklažaan - 1 nael, lõigatud 1-tollisteks tükkideks
- Terved kooritud tomatid - 1, tina, nõrutatud peetunud mahlaga, tükeldatud
- Kikerherned - 2 purki (15 untsi), nõrutatud 1 tassi reserveeritud vedelikuga

Näidustused:

Asetage ahjurest alumisse keskele ja soojendage ahi temperatuurini 400 F. Kuumutage õli Hollandi ahjus. Lisa paprika, sibul, ½ tl. soola ja ¼ tl. Pipar. Prae segades 5 minutit.

Sega 1 tl. pune, küüslauk ja loorberileht ning küpseta 30 sekundit. Sega tomatid, baklažaanid, reserveeritud mahl, kikerherned ja konserveeritud vedelik ning lase keema tõusta. Asetage pann ahju ja küpseta kaaneta 45–60 minutit. Segage kaks korda.

Eemalda loorberilehed. Lisa ülejäänud 2 tl. pune ja maitsesta soola ja pipraga. Serveerima.

Toitumine (100 g kohta): 642 kalorit 17,3 g rasva 93,8 g süsivesikuid 29,3 g valku 983 mg naatriumi

Kreeka riis sidruniga

Valmistamisaeg: 20 minutit

Söögitegemise aeg: 45 minutit

Portsjonid: 6

Raskusaste: keskmine

Koostis:

- Pikateraline riis - 2 tassi toores (20 minutit külmas vees leotatud, seejärel kurnatud)
- Ekstra neitsioliiviõli - 3 spl.
- Kollane sibul - 1 keskmine, tükeldatud
- Küüslauk - 1 nelk, peeneks hakitud
- Odrapasta - ½ tassi
- 2 sidruni mahl ja 1 sidruni koor
- Naatriumpuljong - 2 tassi
- Näputäis soola
- Hakitud petersell - 1 suur peotäis
- Tilli umbrohi - 1 tl.

Näidustused:

Kuumuta pannil 3 spl. ekstra neitsioliiviõli. Lisa sibulad ja prae segades 3-4 minutit. Lisage odrapasta ja küüslauk ning segage. Seejärel lisa katteks riis. Lisa puljong ja sidrunimahl. Kuumuta keemiseni ja alanda kuumust. Katke ja küpseta umbes 20 minutit.

Eemaldage kuumusest. Kata ja jäta 10 minutiks kõrvale. Avage ja lisage sidrunikoor, tilli ürt ja petersell. Serveerima.

Toitumine (100 g kohta): 145 kalorit 6,9 g rasva 18,3 g süsivesikuid 3,3 g valku 893 mg naatriumi

Riis aromaatsete ürtidega

Valmistamisaeg: 10 minutit

Söögitegemise aeg: 30 minutit

Portsjonid: 4

Raskusaste: lihtne

Koostis:

- Ekstra neitsioliiviõli - ½ tassi, jagatud
- Suured küüslauguküünt - 5, peeneks hakitud
- Pruun jasmiini riis - 2 tassi
- Vesi - 4 tassi
- Meresool - 1 tl.
- Must pipar - 1 tl.
- Värske hakitud murulauk - 3 spl.
- hakitud värske petersell - 2 spl.
- Värskelt hakitud basiilik - 1 spl.

Näidustused:

Lisage kastrulisse ¼ tassi oliiviõli, küüslauku ja riisi. Sega ja kuumuta keskmisel kuumusel. Sega vesi, meresool ja must pipar. Seejärel segage uuesti.

Kuumuta keemiseni ja alanda kuumust. Hauta kaaneta, aeg-ajalt segades.

Kui vesi on peaaegu imendunud, segage ülejäänud ¼ tassi oliiviõli koos basiiliku, peterselli ja murulauguga.

Segage, kuni vürtsid on segunenud ja kogu vesi on imendunud.

Toitumine (100 g kohta): 304 kalorit 25,8 g rasva 19,3 g süsivesikuid 2 g valku 874 mg naatriumi

Vahemere riisi salat

Valmistamisaeg: 10 minutit

Söögitegemise aeg: 25 minutit

Portsjonid: 4

Raskusaste: keskmine

Koostis:

- Ekstra neitsioliiviõli - ½ tassi, jagatud
- Pikateraline pruun riis - 1 tass
- Vesi - 2 tassi
- Värske sidrunimahl - ¼ tassi
- Küüslauguküüs - 1, hakitud
- Värske hakitud rosmariin - 1 tl.
- Värske hakitud piparmünt - 1 tl.
- Sigur - 3, peeneks hakitud
- Punane pipar - 1 keskmine, peeneks hakitud
- Kasvuhoonekurk - 1, viilutatud
- Terve hakitud roheline sibul - ½ tassi
- Kalamata oliivid, hakitud - ½ tassi
- Punase pipra helbed - ¼ tl.
- Purustatud fetajuust - ¾ tassi
- Meresool ja must pipar

Näidustused:

Kuumuta potis madalal kuumusel ¼ tassi oliivõli, riisi ja näpuotsaga soola. Sega riisi katmiseks. Lisa vesi ja lase podiseda, kuni vesi on imendunud. Sega aeg-ajalt. Vala riis suurde kaussi ja lase jahtuda.

Teises kausis segage ülejäänud ¼ tassi oliivõli, punase pipra helbed, oliivid, roheline sibul, kurk, paprika, endiivia, piparmünt, rosmariin, küüslauk ja sidrunimahl.

Lisa segule riis ja sega ühtlaseks. Sega õrnalt hulka fetajuust.

Maitse ja kohanda vürtse. Serveerima.

Toitumine (100 g kohta): 415 kalorit 34 g rasva 28,3 g süsivesikuid 7 g valku 4755 mg naatriumi

Värske ubade ja tuunikala salat

Valmistamisaeg: 5 minutit

Söögitegemise aeg: 20 minutit

Portsjonid: 6

Raskusaste: lihtne

Koostis:

- Värsked kooritud (kooritud) oad - 2 tassi
- Loorberilehed - 2
- Ekstra neitsioliiviõli - 3 spl.
- Punase veini äädikas - 1 spl.
- Sool ja must pipar
- Parima kvaliteediga tuunikala – 1 purk (6 untsi), pakitud oliiviõlisse
- soolatud kapparid - 1 spl. leotatud ja kuivatatud
- Peeneks hakitud petersell - 2 spl.
- Punane sibul - 1, viilutatud

Näidustused:

Keeda kastrulis kergelt soolaga maitsestatud vesi. Lisa oad ja loorberilehed; Seejärel küpseta 15-20 minutit või kuni oad on pehmed, kuid siiski kõvad. Nõruta, eemalda aroomiained ja pane kaussi.

Maitsesta oad kohe äädika ja õliga. Lisa sool ja must pipar. Sega hästi ja reguleeri vürtsid. Nõruta tuunikala ja viska tuunikala viljaliha läbi oasalati. Lisa petersell ja kapparid. Sega segamini ja puista peale punase sibula viilud. Serveerima.

Toitumine (100 g kohta): 85 kalorit 7,1 g rasva 4,7 g süsivesikuid 1,8 g valku 863 mg naatriumi

Maitsev kana pasta

Valmistamisaeg: 10 minutit
Söögitegemise aeg: 17 minutit
Portsjonid: 4
Raskusaste: lihtne

Koostis:

- 3 kanarinda, nahata, kondita, tükkideks lõigatud
- 300 g täisterapastat
- 1/2 tassi oliive, viilutatud
- 1/2 tassi kuivatatud tomateid
- 1 spl röstitud punast pipart, peeneks hakitud
- 14 untsi tomatipurk, tükeldatud
- 2 tassi marinara kastet
- 1 tass kanapuljongit
- Pipar
- soolane

Näidustused:

Lisa kõik koostisosad peale täisterapasta kiirpotti.

Sulgege kaas ja keetke kõrgel kuumusel 12 minutit.

Kui olete lõpetanud, laske rõhul iseenesest langeda. Eemaldage kaas.

Lisage pasta ja segage hästi. Sulgege purk uuesti ja valige käsitsi ning seadke taimer 5 minutiks.

Kui olete valmis, vabastage rõhk 5 minutiks ja vabastage ülejäänud kiirvabastusnupu abil. Eemaldage kaas. Sega korralikult läbi ja serveeri.

Toitumine (100 g kohta): 615 kalorit 15,4 g rasva 71 g süsivesikuid 48 g valku 631 mg naatriumi

Vahemere tacod

Valmistamisaeg: 10 minutit

Söögitegemise aeg: 14 minutit

Portsjonid: 8

Raskusaste: keskmine

Koostis:

- 1 nael veisehakkliha
- 8 untsi cheddari juustu, hakitud
- 14 untsi purk punaseid ube
- 2 untsi taco maitseainet
- 16 untsi kastet
- 2 tassi vett
- 2 tassi pruuni riisi
- Pipar
- soolane

Näidustused:

Lülitage Instant Pot küpsetusrežiimile.

Lisa pannile liha ja prae kuldpruuniks.

Lisa vesi, oad, riis, taco maitseaine, sool ja pipar ning sega korralikult läbi.

Kõige peale kaste. Sulgege kaas ja keetke kõrgel kuumusel 14 minutit.

Kui olete lõpetanud, vabastage surve kiirvabastusnupu abil. Eemaldage kaas.

Sega juurde cheddari juust ja sega, kuni juust on sulanud.

Serveeri ja naudi.

Toitumine (100 g kohta): 464 kalorit 15,3 g rasva 48,9 g süsivesikuid 32,2 g valku 612 mg naatriumi

Maitsev mac ja juust

Valmistamisaeg: 10 minutit
Söögitegemise aeg: 10 minutit
Portsjonid: 6
Raskusaste: lihtne

Koostis:

- 500 g täistera küünarnukipastat
- 4 tassi vett
- 1 tass tükeldatud tomatit
- 1 tl hakitud küüslauku
- 2 supilusikatäit oliiviõli
- 1/4 tassi rohelist sibulat, hakitud
- 1/2 tassi riivitud parmesani juustu
- 1/2 tassi hakitud mozzarellat
- 1 tass cheddari juustu, riivitud
- 1/4 tassi püreed
- 1 tass magustamata mandlipiima
- 1 tass marineeritud artišokki, tükeldatud
- 1/2 tassi kuivatatud tomateid, viilutatud
- 1/2 tassi oliive, viilutatud
- 1 tl soola

Näidustused:

Lisa pasta, vesi, tomatid, küüslauk, õli ja sool kiirpotti ning sega korralikult läbi. Katke kaas ja küpseta kõrgel kuumusel.

Kui olete valmis, vabastage rõhk mõneks minutiks ja seejärel vabastage jääk kiirtühjenduse abil. Eemaldage kaas.

Pange pann küpsetusrežiimile. Lisa roheline sibul, parmesani juust, mozzarella, cheddari juust, passata, mandlipiim, artišokid, päikesekuivatatud tomatid ja oliivid. Sega hästi.

Sega hästi ja küpseta, kuni juust on sulanud.

Serveeri ja naudi.

Toitumine (100 g kohta): 519 kalorit 17,1 g rasva 66,5 g süsivesikuid 25 g valku 588 mg naatriumi

Riis kurgi oliividega

Valmistamisaeg: 10 minutit

Söögitegemise aeg: 10 minutit

Portsjonid: 8

Raskusaste: keskmine

Koostis:

- 2 tassi riisi, loputatud
- 1/2 tassi kivideta oliive
- 1 tass kurki, tükeldatud
- 1 spl punase veini äädikat
- 1 tl riivitud sidrunikoort
- 1 supilusikatäis värsket sidrunimahla
- 2 supilusikatäit oliiviõli
- 2 tassi köögiviljapuljongit
- 1/2 tl kuivatatud pune
- 1 punane paprika, viilutatud
- 1/2 tassi sibulat, hakitud
- 1 supilusikatäis oliiviõli
- Pipar
- soolane

Näidustused:

Lisage õli kiirpoti sisemisele pannile ja valige pann pruunistamiseks. Lisa sibul ja prae 3 minutit. Lisa pipar ja pune ning prae 1 minut.

Lisa riis ja puljong ning sega korralikult läbi. Sulgege kaas ja keetke kõrgel kuumusel 6 minutit. Kui olete lõpetanud, vabastage rõhk 10 minutiks ja vabastage ülejäänud kiirvabastusnupu abil. Eemaldage kaas.

Lisage teised koostisosad ja segage hästi. Serveeri kohe ja naudi.

Toitumine (100 g kohta): 229 kalorit 5,1 g rasva 40,2 g süsivesikuid 4,9 g valku 210 mg naatriumi

Aromaatne taimne risotto

Valmistamisaeg: 10 minutit

Söögitegemise aeg: 15 minutit

Portsjonid: 4

Raskusaste: keskmine

Koostis:

- 2 tassi riisi
- 2 spl riivitud parmesani juustu
- 100 g koort
- 1 spl värsket pune, hakitud
- 1 spl värsket basiilikut, hakitud
- 1/2 supilusikatäit salvei, peeneks hakitud
- 1 sibul, hakitud
- 2 supilusikatäit oliiviõli
- 1 tl küüslauku, hakitud
- 4 tassi köögiviljapuljongit
- Pipar
- soolane

Näidustused:

Lisage õli kiirpoti sisemisele pannile ja klõpsake pann hautamisasendisse. Lisa küüslauk ja sibul kiirpoti sisemisele pannile ning suru pann küpsetusrežiimile. Lisa küüslauk ja sibul ning prae 2-3 minutit.

Lisa ülejäänud koostisosad peale parmesani juustu ja koore ning sega korralikult läbi. Sulgege kaas ja keetke kõrgel kuumusel 12 minutit.

Kui olete lõpetanud, vabastage rõhk 10 minutiks, seejärel vabastage ülejäänud kiirvabastust kasutades. Eemaldage kaas. Sega koor ja juust ning serveeri.

Toitumine (100 g kohta): 514 kalorit 17,6 g rasva 79,4 g süsivesikuid 8,8 g valku 488 mg naatriumi

Maitsev Pasta Primavera

Valmistamisaeg: 10 minutit

Söögitegemise aeg: 4 minutit

Portsjonid: 4

Raskusaste: lihtne

Koostis:

- 250 g täistera penne
- 1 supilusikatäis värsket sidrunimahla
- 2 spl hakitud värsket peterselli
- 1/4 tassi viilutatud mandleid
- 1/4 tassi riivitud parmesani juustu
- 14 untsi tomatipurk, tükeldatud
- 1/2 tassi ploome
- 1/2 tassi suvikõrvitsat, tükeldatud
- 1/2 tassi sparglit
- 1/2 tassi porgandit, tükeldatud
- 1/2 tassi brokkolit, tükeldatud
- 1 3/4 tassi köögiviljapuljongit
- Pipar
- soolane

Näidustused:

Lisa puljong, pars, tomatid, ploomid, suvikõrvits, spargel, porgand ja brokkoli kiirpotti ning sega korralikult läbi. Sulgege ja küpseta kõrgel kuumusel 4 minutit. Kui olete lõpetanud, vabastage surve kiirvabastusnupu abil. Eemaldage kaas. Sega ülejäänud ained korralikult läbi ja serveeri.

Toitumine (100 g kohta): 303 kalorit 2,6 g rasva 63,5 g süsivesikuid 12,8 g valku 918 mg naatriumi

Pasta röstitud paprikaga

Valmistamisaeg: 10 minutit

Söögitegemise aeg: 13 minutit

Portsjonid: 6

Raskusaste: keskmine

Koostis:

- 1 nael täistera penne pasta
- 1 spl Itaalia kastet
- 4 tassi köögiviljapuljongit
- 1 spl küüslauku, hakitud
- 1/2 sibulat, hakitud
- Röstitud punane paprika 14 untsi purkides
- 1 tass fetajuustu, purustatud
- 1 supilusikatäis oliiviõli
- Pipar
- soolane

Näidustused:

Lisa röstitud paprika blenderisse ja klopi ühtlaseks. Lisage õli Instant Pot sisemisse potti ja seadke pott saute asendisse. Lisa küüslauk ja sibul Instant Poti sisemisse tassi ning küpseta. Lisa küüslauk ja sibul ning prae 2-3 minutit.

Lisa püreestatud röstitud paprika ja prae segades 2 minutit.

Lisa ülejäänud koostisosad peale feta ja sega korralikult läbi. Sulgege tihedalt ja küpseta kõrgel kuumusel 8 minutit. Kui olete valmis, vabastage rõhk loomulikult 5 minutiks ja vabastage ülejäänud kiirvabastusnupu abil. Eemaldage kaas. Puista peale fetajuust ja serveeri.

Toitumine (100 g kohta): 459 kalorit 10,6 g rasva 68,1 g süsivesikuid 21,3 g valku 724 mg naatriumi

Juust Basiilik Tomat riis

Valmistamisaeg: 10 minutit
Söögitegemise aeg: 26 minutit
Portsjonid: 8
Raskusaste: keskmine

Koostis:

- 1 1/2 tassi pruuni riisi
- 1 tass riivitud parmesani juustu
- 1/4 tassi värsket basiilikut, hakitud
- 2 tassi kirsstomateid, poolitatud
- 250 g tomatikastet
- 1 3/4 tassi köögiviljapuljongit
- 1 spl küüslauku, hakitud
- 1/2 tassi sibulat, tükeldatud
- 1 supilusikatäis oliiviõli
- Pipar
- soolane

Näidustused:

Lisage õli kiirpoti sisemisse kaussi ja valige praepann. Pange küüslauk ja sibul kiirpoti sisemisse kaussi ja asetage see pannile. Sega küüslauk ja sibul ning prae 4 minutit. Lisa riis, tomatikaste, puljong, sool ja pipar ning sega korralikult läbi.

Sulgege see ja küpseta kõrgel kuumusel 22 minutit.

Kui olete valmis, vabastage rõhk 10 minutiks ja seejärel vabastage jääk kiirvabastuse abil. Eemaldage kork. Lisa ülejäänud ained ja sega läbi. Serveeri ja naudi.

Toitumine (100 g kohta): 208 kalorit 5,6 g rasva 32,1 g süsivesikuid 8,3 g valku 863 mg naatriumi

Pasta tuunikalaga

Valmistamisaeg: 10 minutit

Söögitegemise aeg: 8 minutit

Portsjonid: 6

Raskusaste: keskmine

Koostis:

- 10 untsi nõrutatud tuunikala
- 15 untsi täisterast rotini pasta
- 100 g mozzarellat, kuubikuteks lõigatud
- 1/2 tassi riivitud parmesani juustu
- 1 tl kuivatatud basiilikut
- 14 untsi tomatipurk
- 4 tassi köögiviljapuljongit
- 1 spl küüslauku, hakitud
- 8 untsi seeni, viilutatud
- 2 suvikõrvitsat, viilutatud
- 1 sibul, hakitud
- 2 supilusikatäit oliiviõli
- Pipar
- soolane

Näidustused:

Valage õli kiirpoti sisemisele pannile ja suruge pann praepannile. Lisa seened, suvikõrvits ja sibul ning küpseta, kuni sibul on pehmenenud. Lisa küüslauk ja prae minut aega.

Lisa pasta, basiilik, tuunikala, tomatid ja puljong ning sega korralikult läbi. Sulgege ja küpseta kõrgel kuumusel 4 minutit. Kui olete valmis, vabastage rõhk 5 minutiks ja vabastage ülejäänud kiirvabastusnupu abil. Eemaldage kaas. Lisa ülejäänud koostisosad, sega korralikult läbi ja serveeri.

Toitumine (100 g kohta): 346 kalorit 11,9 g rasva 31,3 g süsivesikuid 6,3 g valku 830 mg naatriumi

Avokaado ja kalkuni segavõileivad

Valmistamisaeg: 5 minutit

Söögitegemise aeg: 8 minutit

Portsjonid: 2

Raskusaste: lihtne

Koostis:

- 2 punast paprikat, röstitud ja viilutatud
- 1/4 naela mesquite'i suitsutatud kalkuni rinnatükk õhukesteks viiludeks
- 1 tass terveid värskeid spinati lehti, jagatud
- 2 viilu provolooni
- 1 spl oliiviõli, jagatud
- 2 rulli ciabattat
- ¼ tassi majoneesi
- ½ küpset avokaadot

Näidustused:

Sega kausis hästi majonees ja avokaado. Järgmisena eelsoojendage Panini press.

Lõika võileivad pooleks ja määri saiale oliiviõli. Seejärel täitke täidisega, kihiti käsitsi: provolone, kalkuni rinnatükk, röstitud paprika, spinatilehed ja määrige avokaadoseguga ja asetage peale teine saiaviil.

Aseta võileib Panini pressi ja grilli 5-8 minutit, kuni juust on sulanud ning leib krõbe ja kortsus.

Toitumine (100 g kohta): 546 kalorit 34,8 g rasva 31,9 g süsivesikuid 27,8 g valku 582 mg naatriumi

Kana kurgi ja mangoga

Valmistamisaeg: 5 minutit

Söögitegemise aeg: 20 minutit

Portsjonid: 1

Raskusaste: raske

Koostis:

- ½ keskmist kurki pikuti lõigatud
- ½ küpset mangot
- 1 spl salatikastet omal valikul
- 1 täistera nisu tortilla
- 1 tolli paksused umbes 6 tolli pikkused kana rinnatükid
- 2 spl õli praadimiseks
- 2 spl täisterajahu
- 2-4 salatilehte
- Sool ja pipar maitse järgi

Näidustused:

Lõika kanarind 1-tollisteks ribadeks ja küpseta kokku ainult 6-tollisteks ribadeks. Need oleksid nagu kaks kanaliha riba. Hoidke allesjäänud kana edaspidiseks kasutamiseks alles.

Maitsesta kana soola ja pipraga. Viska peale täisterajahu.

Asetage väike mittenakkuva pann keskmisele kuumusele ja kuumutage õli. Kui õli on kuum, lisa kanaribad ja prae umbes 5 minutit mõlemalt poolt, kuni need on kuldpruunid.

Kana küpsemise ajal aseta tortillarullid ahju ja küpseta 3-5 minutit. Seejärel tõsta kõrvale ja aseta taldrikule.

Lõika kurk pikuti, kasuta ainult ½ ja ülejäänud kurk jäta alles. Koorige neljaks lõigatud kurk ja eemaldage südamik. Asetage kaks kurgiviilu tortillale, servast 1 tolli kaugusel.

Lõika mango viiludeks ja jäta teine pool alles koos seemnetega.

Koori seemneteta mango, lõika ribadeks ja aseta tortillale kurgi peale.

Kui kana on küpsenud, aseta kana järjest kurgi kõrvale.

Lisa kurgileht, nirista peale omal valikul salatikastet.

Keera tortilla rulli, serveeri ja naudi.

Toitumine (100 g kohta): 434 kalorit 10 g rasva 65 g süsivesikuid 21 g valku 691 mg naatriumi

Fattoush – Lähis-Ida leib

Valmistamisaeg: 10 minutit

Söögitegemise aeg: 15 minutit

Portsjonid: 6

Raskusaste: raske

Koostis:

- 2 pätsi pita leiba
- 1 spl ekstra neitsioliiviõli
- 1/2 tl sumakit, rohkem hilisemaks
- Sool ja pipar
- 1 süda Rooma salatit
- 1 inglise kurk
- 5 roma tomatit
- 5 rohelist sibulat
- 5 redist
- 2 tassi hakitud värskeid peterselli lehti
- 1 tass hakitud värskeid piparmündi lehti
- Koostisained vürtside jaoks:
- 1 1/2 laimi, mahl
- 1/3 tassi ekstra neitsioliiviõli
- Sool ja pipar
- 1 tl jahvatatud sumakit
- 1/4 tl jahvatatud kaneeli
- lahja 1/4 tl jahvatatud piment

Näidustused:

Rösti pitaleibu röstris 5 minutit. Ja siis murda pita leib tükkideks.

Kuumuta suurel pannil keskmisel kuumusel 3 supilusikatäit oliiviõli 3 minutit. Lisa pitaleib ja prae segades umbes 4 minutit kuldpruuniks.

Lisa sool, pipar ja 1/2 tl sumakit. Tõstke pitaleivad kuumusest kõrvale ja asetage need imavasse paberisse nõrguma.

Viska suures salatikausis kokku hakitud salat, kurk, tomatid, roheline sibul, viilutatud redis, piparmündilehed ja petersell.

Laimivinegreti valmistamiseks vispelda kõik koostisosad väikeses kausis kokku.

Sega kaste salatisse ja sega korralikult läbi. Lisa pita leib.

Serveeri ja naudi.

Toitumine (100 g kohta): 192 kalorit 13,8 g rasva 16,1 g süsivesikuid 3,9 g valku 655 mg naatriumi

Gluteenivaba küüslaugu ja tomati focaccia

Valmistamisaeg: 5 minutit

Söögitegemise aeg: 20 minutit

Portsjonid: 8

Raskusaste: raske

Koostis:

- 1 muna
- ½ tl sidrunimahla
- 1 supilusikatäis mett
- 4 supilusikatäit oliiviõli
- Näputäis suhkrut
- 1 ¼ tassi kuuma vett
- 1 supilusikatäis aktiivset kuivpärmi
- 2 tl hakitud rosmariini
- 2 tl hakitud tüümiani
- 2 tl hakitud basiilikut
- 2 küüslauguküünt, hakitud
- 1 ¼ tl meresoola
- 2 tl ksantaankummi
- ½ tassi hirsijahu
- 1 tass kartulitärklist, mitte jahu
- 1 tass sorgojahu
- Piserdamiseks gluteenivaba maisijahu

Näidustused:

Lülitage ahi 5 minutiks sisse, seejärel lülitage see suletud ahjuuksega välja.

Segage soe vesi ja näputäis suhkrut. Lisa pärm ja sega õrnalt läbi. Laske mõjuda 7 minutit.

Vahusta suures kausis vürtsid, küüslauk, sool, ksantaankummi, tärklis ja jahu. Kui pärm on kerkima hakanud, vala kaussi jahu. Klopi lahti muna, sidrunimahl, mesi ja oliiviõli.

Sega korralikult läbi ja aseta korralikult määritud kandilisele pannile, millele on puistatud maisijahu. Kõige peale lisa värske küüslauk, muud ürdid ja viilutatud tomatid. Aseta kuuma ahju ja lase pool tundi kerkida.

Lülitage ahi 375 oF sisse ja eelsoojendage 20 minuti pärast. Focaccia on tehtud siis, kui ülaosa on helekuldpruun. Võta ahjust välja ja küpseta kohe ning lase jahtuda. Seda tuleks serveerida kuumalt.

Toitumine (100 g kohta): 251 kalorit 9 g rasva 38,4 g süsivesikuid 5,4 g valku 366 mg naatriumi

Grillitud burger seentega

Valmistamisaeg: 15 minutit

Söögitegemise aeg: 10 minutit

Portsjonid: 4

Raskusaste: keskmine

Koostis:

- 2 rinnatükki, poolitatud
- 4 viilu punast sibulat
- 4 viilu tomatit
- 4 täisterakuklit, röstitud
- 2 supilusikatäit oliiviõli
- ¼ tl Cayenne'i pipart, valikuline
- 1 küüslauguküüs, hakitud
- 1 spl suhkrut
- ½ tassi vett
- 1/3 tassi palsamiäädikat
- 4 suurt Portobello seenekübarat, läbimõõduga umbes 5 tolli

Näidustused:

Eemalda seentelt varred ja puhasta need niiske lapiga. Tõsta ahjuvormi, lõpused ülespoole.

Sega kausis oliiviõli, Cayenne'i pipar, küüslauk, suhkur, vesi ja äädikas. Vala seentele ja marineeri seened ref.

Kui tund on peaaegu täis, soojendage grill keskmisele kuumusele ja määrige grill.

Grilli seeni viis minutit mõlemalt poolt või kuni need on läbiküpsenud. Määri seened marinaadiga, et need ära ei kuivaks.

Kokkupanemiseks laota võileib taldrikule, kaunista sibulaviilu, seente, tomati ja salatilehega. Tõsta peale võileiva teine ülemine pool. Korrake protsessi ülejäänud koostisosadega, serveerige ja nautige.

Toitumine (100 g kohta): 244 kalorit 9,3 g rasva 32 g süsivesikuid 8,1 g valku 693 mg naatriumi

Vahemere Baba Ganoush

Valmistamisaeg: 10 minutit

Söögitegemise aeg: 25 minutit

Portsjonid: 4

Raskusaste: keskmine

Koostis:

- 1 sibul küüslauku
- 1 punane paprika, poolitatud ja seemnetest puhastatud
- 1 spl hakitud värsket basiilikut
- 1 supilusikatäis oliiviõli
- 1 tl musta pipart
- 2 baklažaani, pikuti viilutatud
- 2 ringi focacciat või pitat
- 1 sidruni mahl

Näidustused:

Kata grill küpsetusspreiga ja eelkuumuta grill keskmisele kuumusele.

Viiluta küüslaugu sibula pealmine osa ja mähi alumiiniumfooliumi sisse. Aseta grilli kõige jahedamale kohale ja rösti vähemalt 20 minutit. Aseta paprika- ja baklažaaniviilud grilli kõige kuumemale kohale. Võre mõlemale poolele.

Kui sibulad on valmis, koori röstitud küüslaugukoored ja pane kooritud küüslauk köögikombaini. Lisa oliiviõli, pipar, basiilik, sidrunimahl, grillitud punane pipar ja grillitud baklažaan. Sega läbi ja vala kaussi.

Grillige leiba soojendamiseks vähemalt 30 sekundit mõlemalt poolt. Serveeri leiba püreestatud kastmega ja naudi.

Toitumine (100 g kohta): 231,6 kalorit 4,8 g rasva 36,3 g süsivesikuid 6,3 g valku 593 mg naatriumi

www.ingramcontent.com/pod-product-compliance
Lightning Source LLC
Chambersburg PA
CBHW050346120526
44590CB00015B/1582